FACToPia!
팩토피아

꼬리에 꼬리를 무는 400가지 사실들

② NEW 잡학 상식

케이트 헤일 글·앤디 스미스 그림·조은영 옮김

시공주니어

차례

팩토피아에 다시 온 걸 환영해! • 6

아침 • 8

태양 • 10

북극광 • 12

북극 • 14

팩트 꼬리 물기 • 16

동굴 • 18

박쥐 • 20

과일 • 22

씨앗 • 24

꽃 • 26

벌 • 28

꿀 • 30

고대 이집트 • 32

고양이 • 34

개 • 36

세계에서 가장 희한한 식당 • 38

바다 • 40

팩트 꼬리 물기 • 42

고래 • 44

선사 시대 동물 • 46

상어 • 48

피부 • 50

위장 • 52

냄새 • 54

뇌 • 56

해파리 • 58

독 • 60

뱀 • 62

혀 • 64

근육 • 66

엉덩이 • 68

똥 • 70

새 • 72

기이한 집 • 74

팩트 꼬리 물기 • 76

거울 • 78

동물 천재들 • 80

유인원 • 82

비행기 • 84

날개 • 86

팩트 꼬리 물기 • 88

세계 기록 • 90

아주 작은 것들 • 92

팩트 꼬리 물기 • 94

티라노사우루스 렉스 • 96

스포츠 • 98

채소 • 100

우주 비행사 • 102

- 달 • 104
- 무거운 것들 • 106
- 가벼운 것들 • 108
- 깃털 • 110
- 팩트 꼬리 물기 • 112
- 코끼리 • 114
- 동물의 소통 • 116
- 신기한 악기 • 118
- 시끄러운 것들 • 120
- 조용한 것들 • 122
- 도서관 • 124
- 사자 • 126
- 털 • 128
- 별난 대회 • 130
- 팩트 꼬리 물기 • 132
- 춤 • 134
- 역사 속 불가사의 • 136

- 이상한 모양 • 138
- 팩트 꼬리 물기 • 140
- 귀 • 142
- 사막 • 144
- 개미 • 146
- 배 • 148
- 바나나 • 150
- 명절 • 152
- 설탕과 사탕 • 154
- 전기 • 156
- 번개 • 158
- 신기한 호수 • 160
- 놀이공원 • 162
- 보석 • 164
- 행성 • 166
- 극한 날씨 • 168
- 개구리 • 170

- 점프 • 172
- 팩트 꼬리 물기 • 174
- 문어 • 176
- 피 • 178
- 폭포 • 180
- 키가 큰 것들 • 182
- 짧은 것들 • 184
- 팩트 꼬리 물기 • 186
- 구름 • 188
- 모자 • 190
- 갑옷 • 192
- 말 • 194
- 버섯과 곰팡이 • 196
- 밤 • 198
- 찾아보기 • 200
- 팩토피아를 만든 사람들 • 205
- 참고 자료 • 206
- 사진 및 그림 출처 • 207

팩토피아에 다시 온 걸 환영해!

첫 팩토피아 여행을 마치고 아쉬웠던 친구들 많지? 자, 어서 떠날 채비를 하자고.
저번에 미처 말하지 못한 엄청난 사실이 아직 많이 남아 있거든.
잠깐 맛을 보여 주자면......

우주 비행사들이 달에서 골프를 쳤다는 거 알아?

우주 비행사와 함께 우주여행을 떠나 볼까? 우주 비행사는 우주에 있는 동안 정말로 키가 더 커진대!

슈퍼 키다리 눈사람 좀 볼래? 팔 한 짝이 나무 한 그루라고.

숲속의 나무들은 땅속에서 곰팡이 통신망으로 서로 연락하지. 그걸 우드 와이드 웹(WWW)이라고 불러.

곰팡이와 버섯은 둘 다 균류야. 그런데 어떤 버섯은 밤이 되면 빛이 나는 거 알아?

자, 팩토피아가 얼마나 특별한 곳인 줄 알겠지? 이곳에 나온 모든 사실은 다른 사실과 연결되어 있어. 그것도 아주 놀랍고 재밌고 엉뚱하게 말이야.

점선으로 된 길을 따라가다 보면 **변기**가 **아이스크림**으로, **아이스크림**이 **고추**로, **고추**가 **고대 이집트**로, 다시 **올림픽**으로 이어지지. 아마 페이지를 넘길 때마다 심장이 두근두근할 거야!

참참, 중요한 사실을 잊어버릴 뻔했네. 팩토피아의 길은 한곳으로만 이어지지 않아. 가끔 샛길로 빠져서 아주 엉뚱하지만 신기한 사실로 이어지지. 팩토피아만의 웜홀이라고나 할까? 정신이 없을 테니 책을 단단히 붙잡고 있으라고!

호기심이 끌리는 대로 돌아다녀 봐. 어디부터 시작할지 모르겠다고? 그럼 일단 까만 점선을 따라 다음 페이지로 가 보면 어떨까?

아니면 처음부터 과감하게 지름길로 가 보는 것도 좋지!

170쪽으로 가시오.

북극에서는

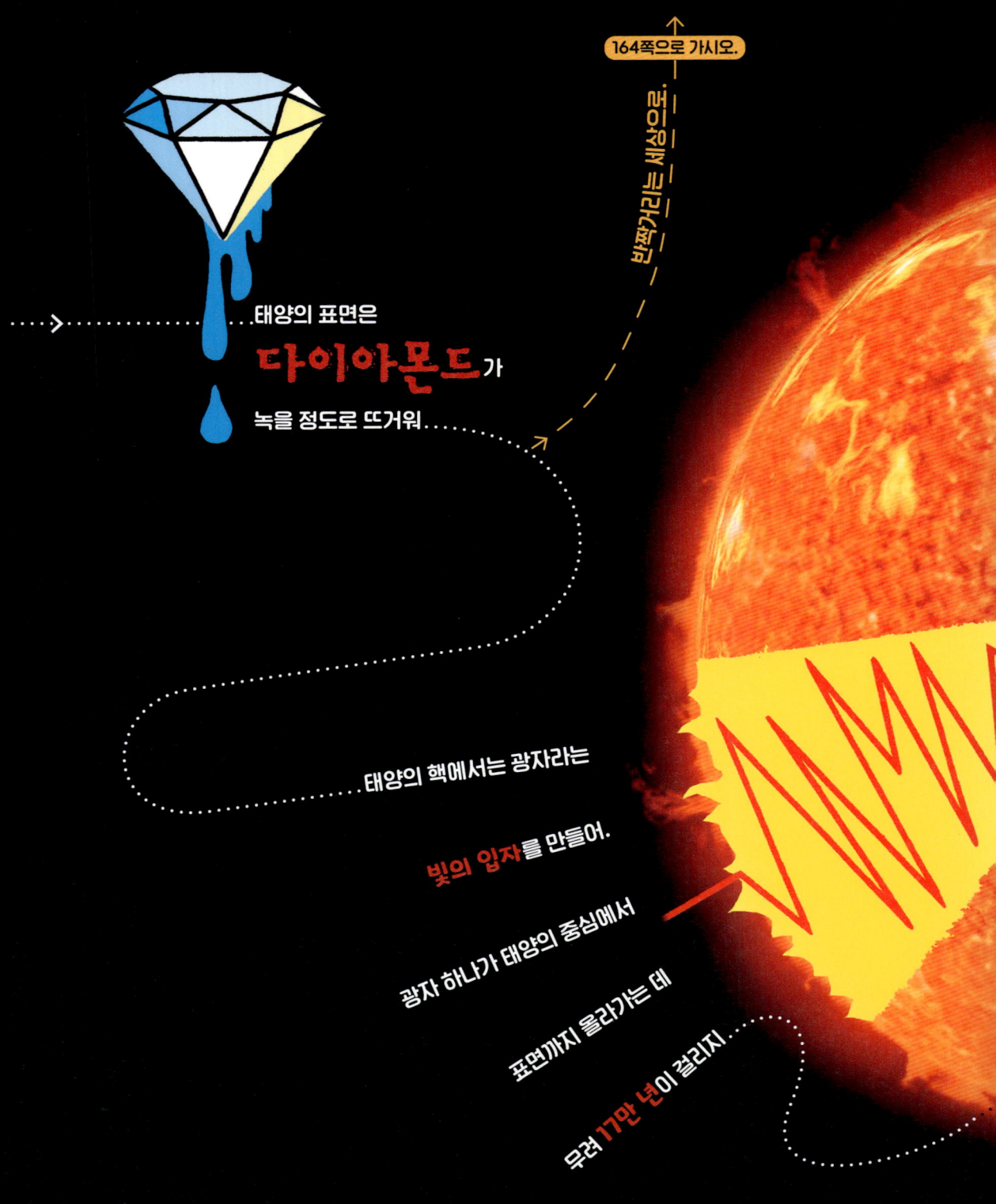

164쪽으로 가시오.

반짝거리는 세상으로

태양의 표면은
다이아몬드가
녹을 정도로 뜨거워.

태양의 핵에서는 광자라는

빛의 입자를 만들어.

광자 하나가 태양의 중심에서
표면까지 올라가는 데
무려 **17만 년**이 걸리지.

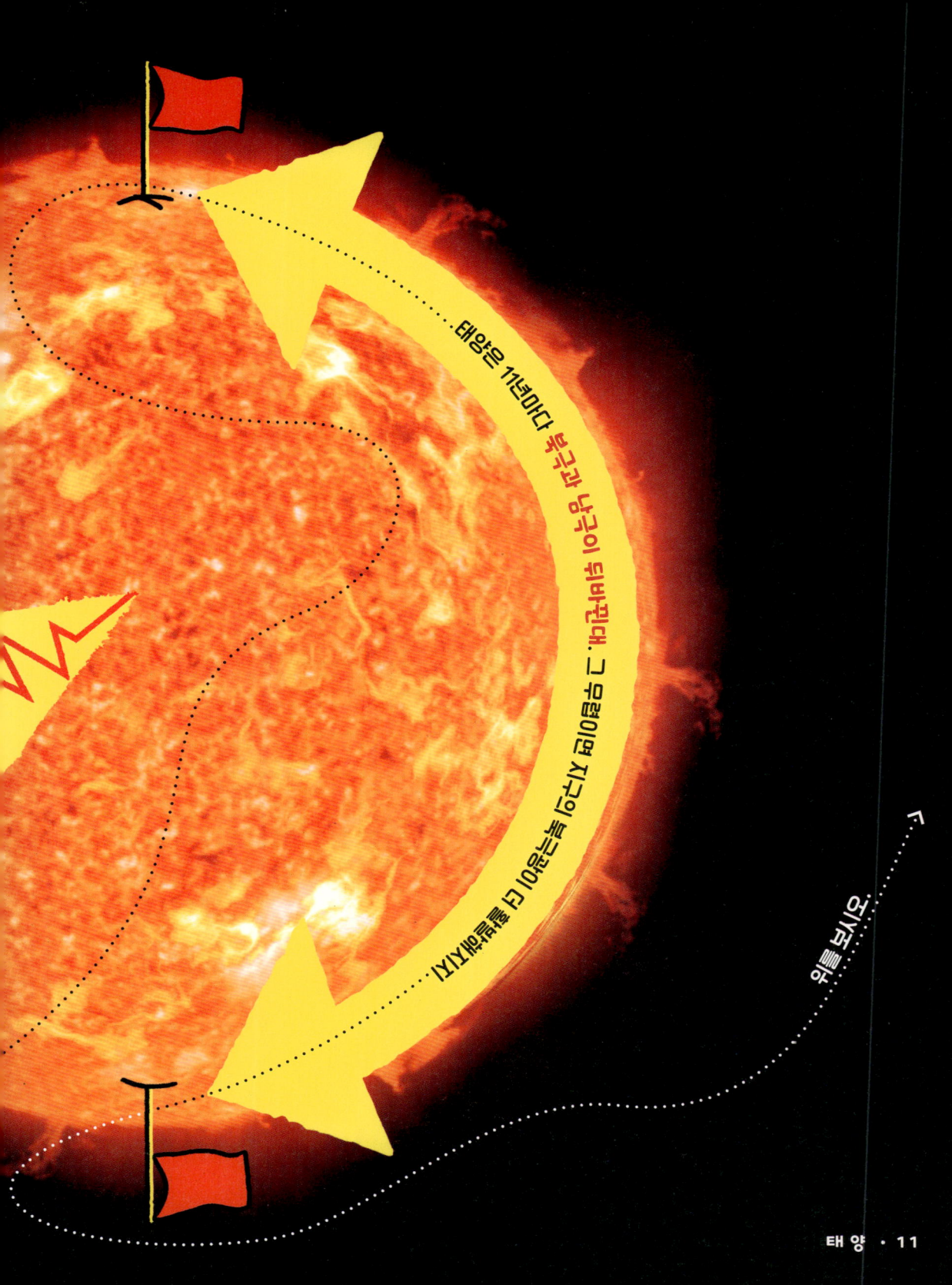

태양은 11년마다 북극과 남극이 서로 반대로 뒤바뀌면서 자리를 바꾸는 운동을 되풀이해.

자전축

북극광을 '오로라'라고도 불러. 어떤 사람들은 북극광의 소리를 들을 수 있다는군.

142쪽으로 가시오.

귀를 쫑긋 세워 봐.

북극의 한 호텔은 객실이 **유리로 된 이글루라서 북극광을 더 잘 볼 수 있어**.

북극해의 얼음은 침대 **매트리스** 열 개를 쌓아 올린 것만큼 두꺼워.

북극해에 사는 외뿔고래는 별명이 '**바다의 유니콘**'이지만, 사실 길고 뾰족한 저 뿔은 이빨이야. 뿔이 두 개인 외뿔고래도 있어.

북극해에서는 **얼음꽃**이라고 부르는 얼음 구조가 만들어져. 이 섬세한 결정은 바닷물보다 세 배는 더 짜고 미생물 수백만 종이 그 속에 살지.

7억 1,500만 년 전에는 지구가 온통 얼음으로 뒤덮여 있었어. 눈덩이 지구 가설이라고 하지.

일본에서는 매년 세계 눈싸움 대회가 열려. 그것도 화산 아래에서 말이야.

아주 적은 양의 금이 모든 휴대전화에 들어 있는 거 알아?

휴대전화에는 화장실 변기보다 최대 열 배나 많은 병균이 득시글거리지.

한 보석 세공사가 200만 달러짜리 모노폴리 게임을 만들었어. 주사위에는 까만 점 대신 다이아몬드를 박았고 게임판은 금으로 만들었지.

소설 <해리 포터> 시리즈에 나오는 가상의 성 호그와트에는 계단이 142개나 있어.

중세 시대 성의 화장실은 똥이 성 밖으로 떨어지게 설계되었어.

세계에서 가장 긴 계단은 스위스의 어느 산에 있어. 계단이 무려 11,674개래!

지구에서 아주 큰 **화산** 폭발이 일어났을 때 먼지 때문에 달이 **파란**색으로 보였대.

파란 바다에 사는 대왕**고래**는 1,600 킬로미터나 멀리 떨어진 친구에게도 연락할 수 있어.

고래의 나이는 귀지를 보고 알 수 있지.

미식축구 선수들은 **땀**을 4킬로그램이나 흘려. 게임 한 번 뛰는 데 말이야.

귀지는 피부 세포, **땀**, 먼지, 그리고 몸에서 나오는 피지가 뒤섞여서 만들어져.

지구에서 가장 큰 **산**은 하와이 마우나케아산이야. 에베레스트산보다 1,600미터나 더 높지만 대부분 **바다** 아래에 잠겨 있지.

파도가 수천 년 동안 깎아서 만든 **바다** 동굴이 있어. 어떤 동굴은 천장으로 물이 뿜어져 나오는 분수공까지 있지.

세계에서 가장 큰 동굴은 얼마나 클까?
40층짜리 고층 건물이 있는
도시 한 구역이 통째로
들어갈 만큼 크다지…

미국 텍사스주의 브랙큰 동굴(Bracken Cave)에는 세상에서 가장 규모가 큰 **박쥐 무리**가 살아. 매일 밤 2,000만 마리 정도가 동굴 밖으로 나가는 데 네 시간이나 걸려.

어떤 박쥐 종은 한 시간에 곤충 1,000마리를 먹어 치운다지.

미국 텍사스주 오스틴의 한 다리 밑에는

열매만 보면 아보카도는 복숭아보다 **딸기**에 더 가까운 과일이야.

핑크 펄 사과는 **속살이 밝은 분홍색**이야.

농부들은 크랜베리를 바닥에 떨어뜨려서 **튀어 오르는 높이**를 보고 얼마나 잘 익었는지 확인한대

씨앗이 품은 또 씨앗이라!

딸기에 박힌 작은 씨앗들은 사실 씨가 아니라 **과일**이야. 그 안에 더 작은 진짜 씨가 숨어 있다고

두리안은 **냄새가 고약한 과일**이라 싱가포르에서는 두리안을 들고 대중교통을 이용할 수 없어

노르웨이의
눈 덮인 산속에는
스발바르 국제종자저장고가 있어.
지구에 닥칠 재앙에 대비해 지은 곳이야.
그 안에는 **100만 종**도 넘는 씨앗이
안전하게 보관되어 있지.

꽃 피는 계절이 되었군.

오래전 네덜란드에서는 튤립 한 송이가
집 한 채보다 비쌀 때가 있었어
브로콜리는 꽃이야
일광욕 좀 해 볼까?
10쪽으로 가시오.

↑
134쪽으로 가시오.

춤 솜씨 좀 발휘해 보시지!

어떤 호박벌은 식물의 잎을 **깨물어서** 꽃을 더 빨리 피우게 해.

벌은 **8자** 춤을 춰서 다른 벌에게 꽃이 있는 장소를 알려 주지.

꿀벌은 454그램의 **꿀**을 만들기 위해

28 · 벌

200만 송이의 꽃을 부지런히 찾아다니지.

아, 힘들어!

고대 이집트 무덤에서 수천 년 된 벌꿀이 발견되었어. 먹을 수 있는 상태였다지.

고대 이집트 사람들은
반려 고양이가 죽으면
미라로 만들기도 했대.

나, 미라가 된 거냥!

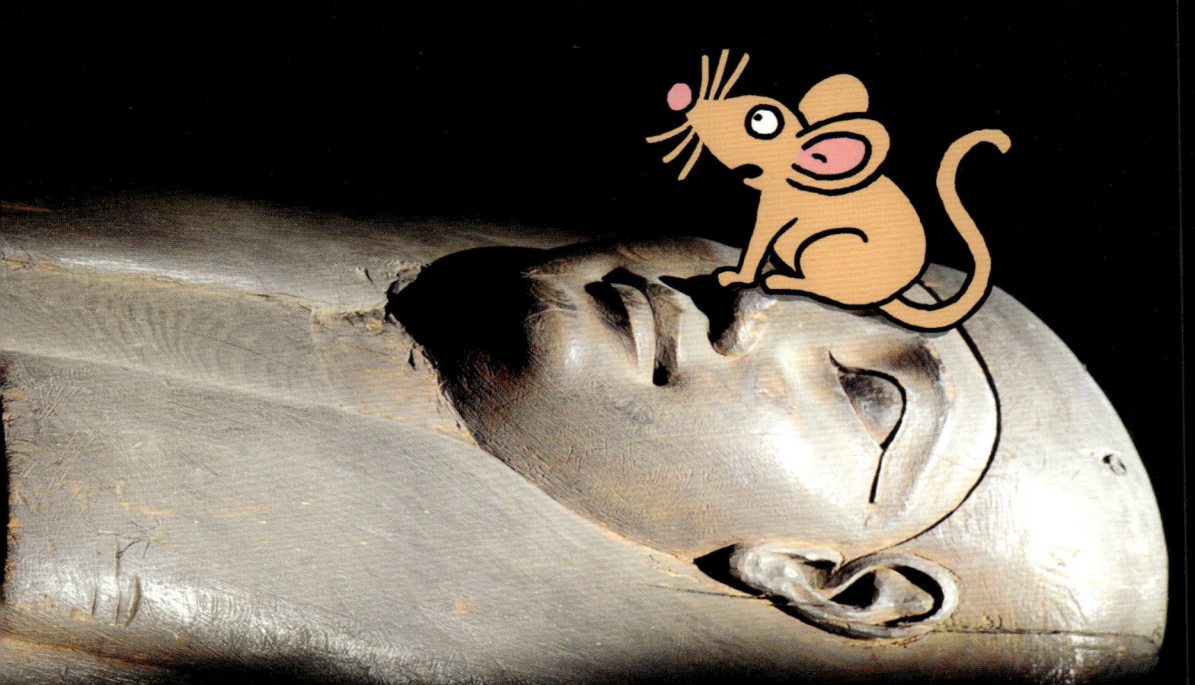

고 대 이 집 트 • 33

한 작곡가가 **고양이를 위한 노래**를 작곡했어. 쥐가 찍찍대는 소리, 새가 지저귀는 소리, 고양이가 가르랑거리는 소리가 들어 있지.

↑ 118쪽으로 가시오.

음향을 연주하자.

일본의 한 기차역은 얼룩고양이가 **역장**이래.

고양이 **수염**을 전문 용어로 **강모**라고 해.

고양이는 **단맛**을 느끼지 못해.

고양이 다음은 개지.

사자나 호랑이, 재규어 같은 대형 고양잇과 동물들은 고양이처럼 **가르랑거리는 소리**를 내지 못해.

고양이 · 35

...어떤 식당에는 반려견을 위한 **특별 메뉴**가 있어. 미국 캘리포니아주의 한 식당에는 핫도그, 햄버거 패티, 심지어 '착한 개'를 위한 스테이크까지 있다고......

어때, 좀 출출하지 않아?

개도 꿈을 꾸지.

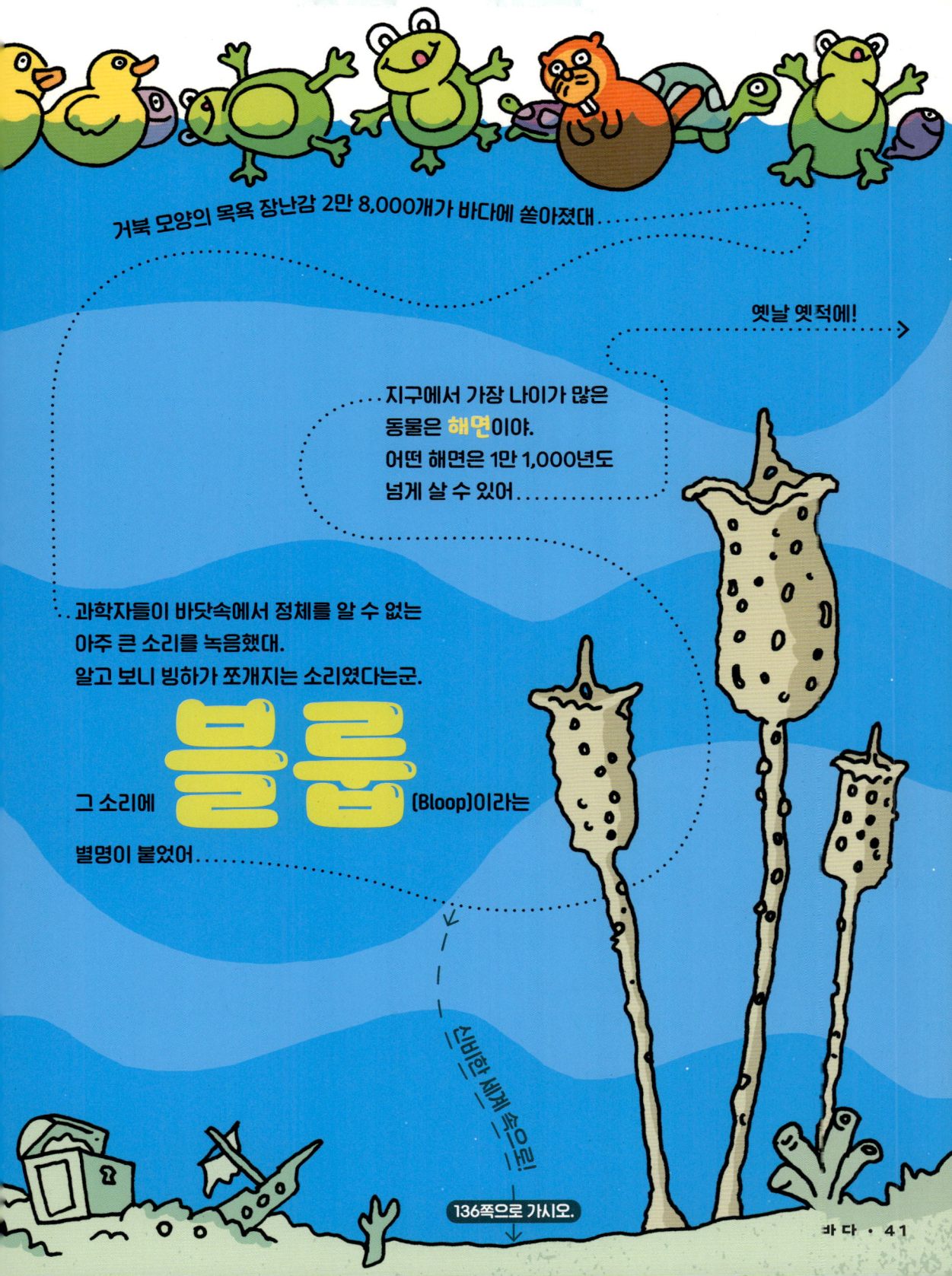

므두셀라는 캘리포니아에서 자라는 5,000년 된 브리슬콘소나무의 이름이야. 고대 이집트 **피라미드**보다 오래되었다고.

멕시코 쿠쿨칸의 마야 **피라미드**(엘 카스티요)에서는 1년에 두 번 태양이 드리우는 그림자가 마치 거대한 **뱀**이 구불거리는 것처럼 보여.

어떤 해변은 모래밭이 분홍색이야. **모래** 알갱이가 미세 해양 생물의 **껍데기**로 이루어졌기 때문이지.

토성의 **고리**는 얼음과 바위로 이루어졌어. **모래** 알갱이처럼 작은 것부터 태산만큼 큰 것도 있지.

과학자들은 한때 **화성** 주위에도 **고리**가 있었을 거라고 생각해.

대왕조개의 **껍데기**는 무게가 250킬로그램이나 나가. 다 자란 **대왕판다** 두 마리의 무게라고.

고대 아일랜드 사람들은 **버터**를 이탄지라고 부르는 특별한 **습지**에 묻어서 보존했대.

갓 태어난 **대왕판다**는 **버터** 한 덩어리 정도의 무게야.

안킬로사우루스는 곤봉처럼 생긴 **꼬리**가 달렸는데, 꼬리를 휘두를 때의 힘이 프로 **야구** 선수가 방망이로 친 것보다 350배는 더 강력했을 거라는군.

커다란 **뱀** 아나콘다는 **꼬리** 밑 비늘 무늬를 보고 개체를 구별할 수 있어.

미국 프로 **야구** 경기에서는 모든 공에 뉴저지의 비밀 장소에서 캐 온 특별한 **진흙**을 문지르지.

'행복한 얼굴'이라는 별명을 가진 **분화구**가 **화성**에 있어. 꼭 웃는 얼굴처럼 생겼거든.

콜롬비아에 있는 한 화산에서는 **진흙** 목욕을 즐길 수 있어. **분화구**에서 말이야.

영국 웨일스에서는 매년 세계 **습지** 스노클링 대회가 열려. 참가자들은 스노클, 물고기 꼬리**지느러미** 같은 물갈퀴, 가끔은 아주 이상한 복장을 하고 진흙탕에 들어가 헤엄을 치지.

혹등고래의 **지느러미**는 매끈하지 않고 울퉁불퉁해. 과학자들은 좀 더 공기 역학적인 비행기 날개를 만들려고 이 지느러미를 연구했어.

세상에 고래 등 같은 집이 있다지.

팩트 꼬리 물기 • 43

고래야 떠나자!

선사 시대에 살았던 한 고래는 다리가 네 개이고 발가락 사이에 물갈퀴가 있었어.

메갈로돈

지구 역사상 가장 덩치가 큰 물고기야. 현재 가장 큰 상어보다도 몸집이 세 배는 컸으니까. 무는 힘도 백상아리보다 열 배는 더 셌다는군.

상어는 어류, 고래는 포유류!

어떤 상어는 알집에 알을 낳아. 이 알집을 **인어의 지갑**이라고 부르지. 인어의 지갑은 우리의 손톱을 만드는 것과 같은 성분인 케라틴으로 만들어졌어.

피부 이야기를 해볼까

상어의 피부는 아주 매끈해 보이지만, 만지면 **사포**처럼 거칠어. 방패 비늘이라는 이빨처럼 생긴 작은 비늘로 이루어졌기 때문이지.

암살자 벌레는 **죽은 개미**들을 배낭처럼 등에 지고 포식자의 눈을 피해 다녀.

흑백나방 애벌레는 평소 새똥처럼 보이도록 몸을 **돌돌 말고** 있어. 덕분에 배고픈 새들의 눈을 피할 수 있지.

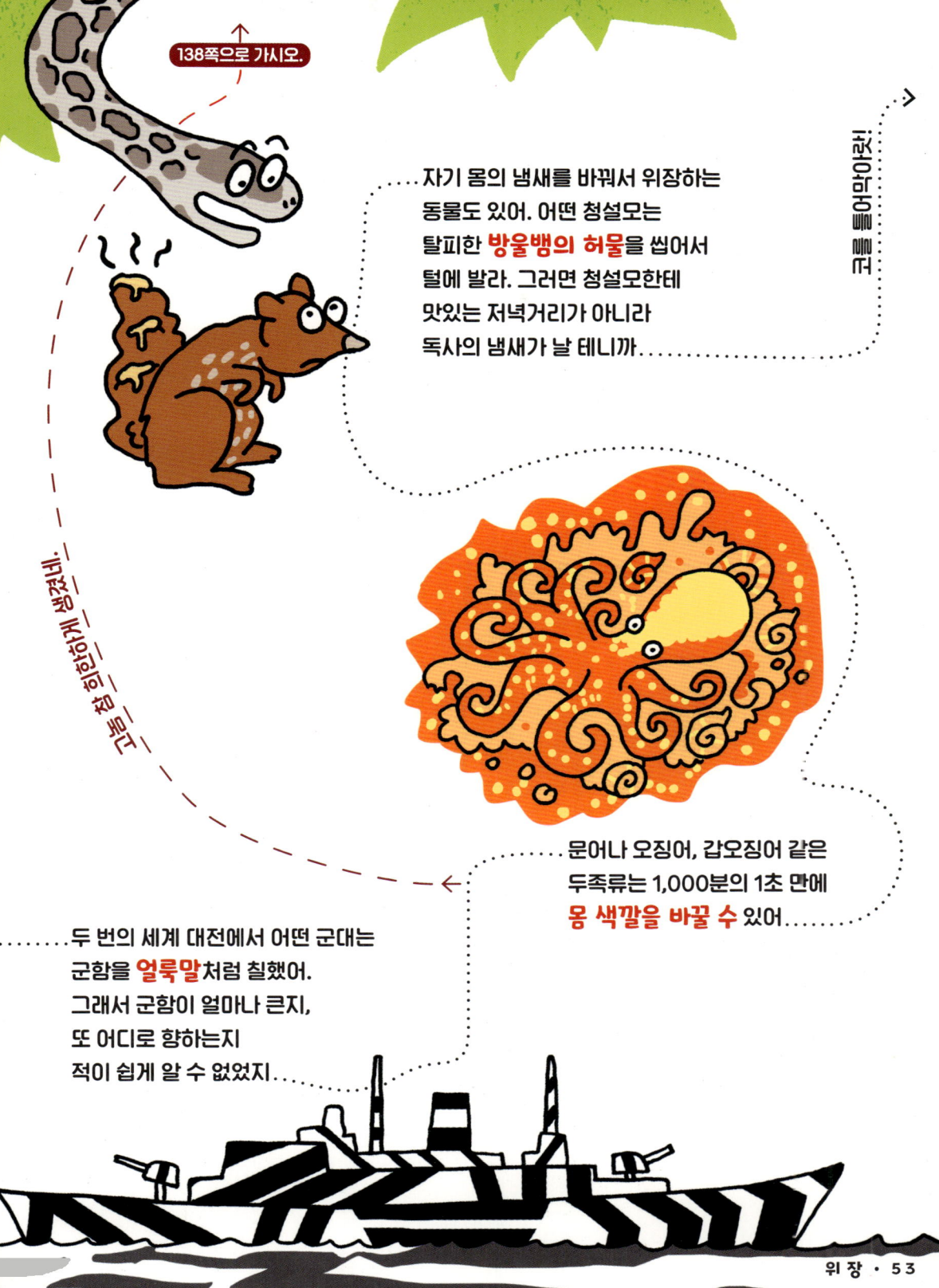

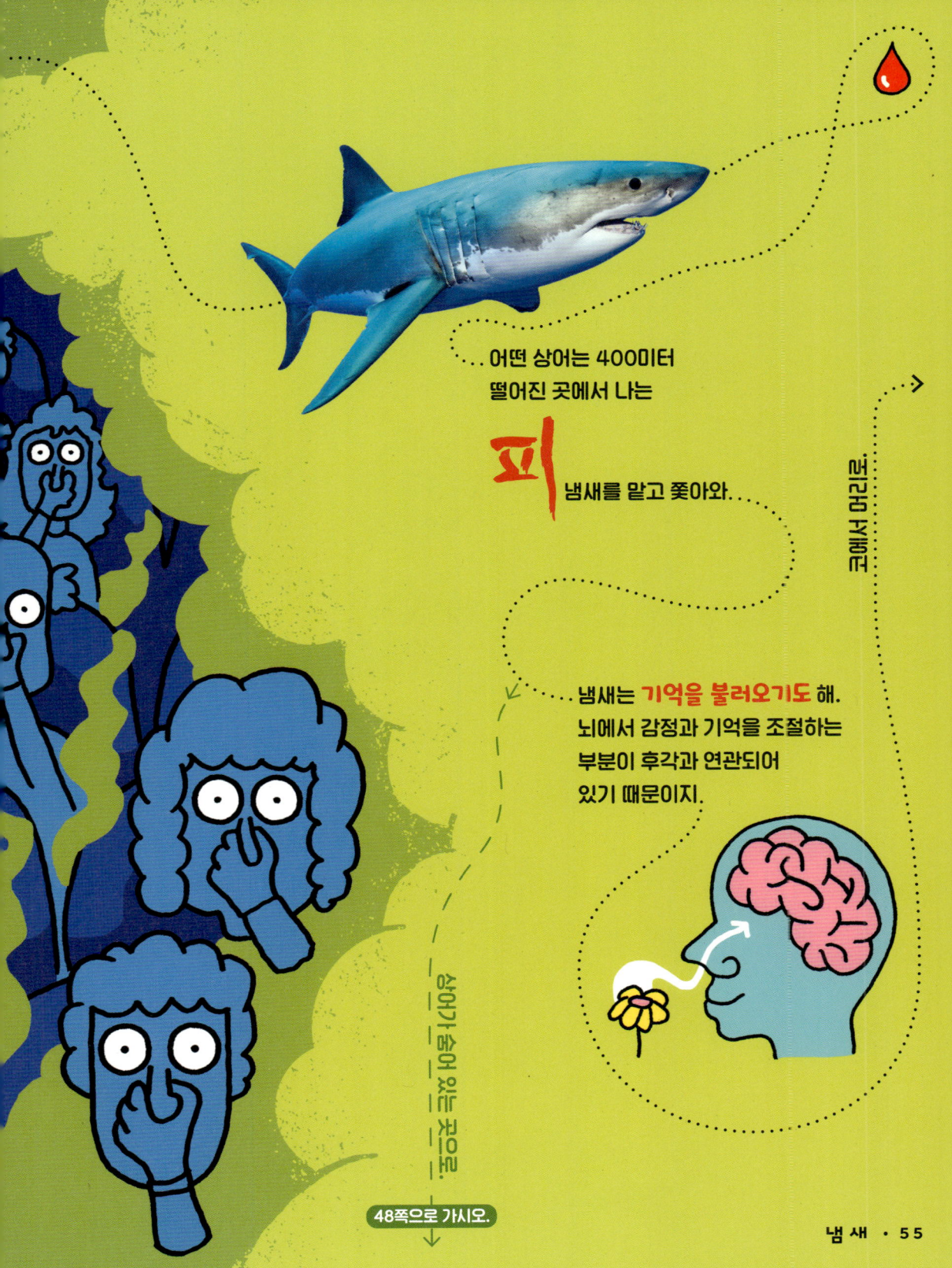

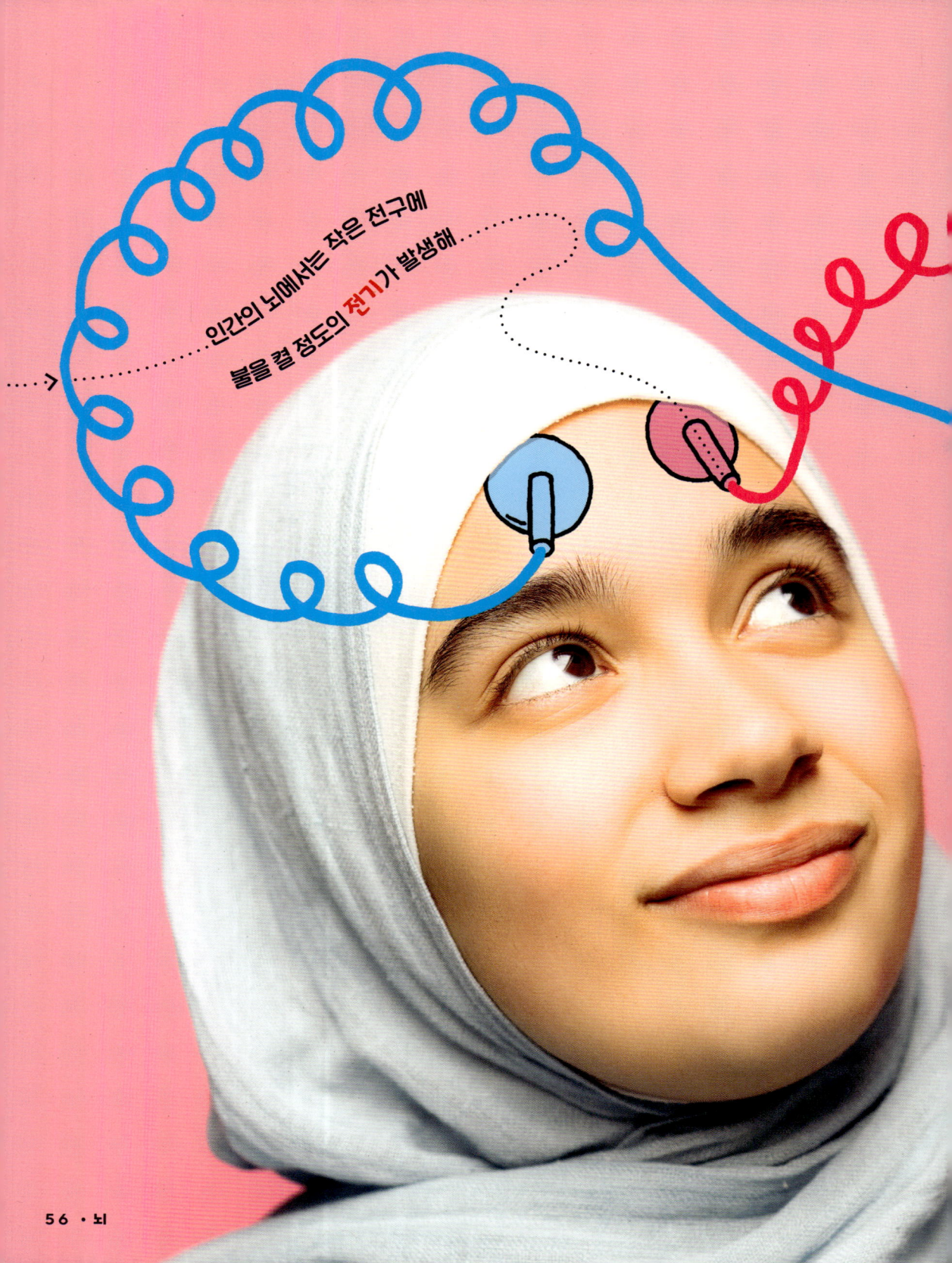

해파리의 몸은 95퍼센트가 물이야.

홍해파리는 나이를 거꾸로 먹지. 몸을 다치면 어른에서 아기가 돼. 그래서 별명도 '불멸의 해파리'야.

사자갈기해파리는 촉수가 30미터나 뻗어 있어.

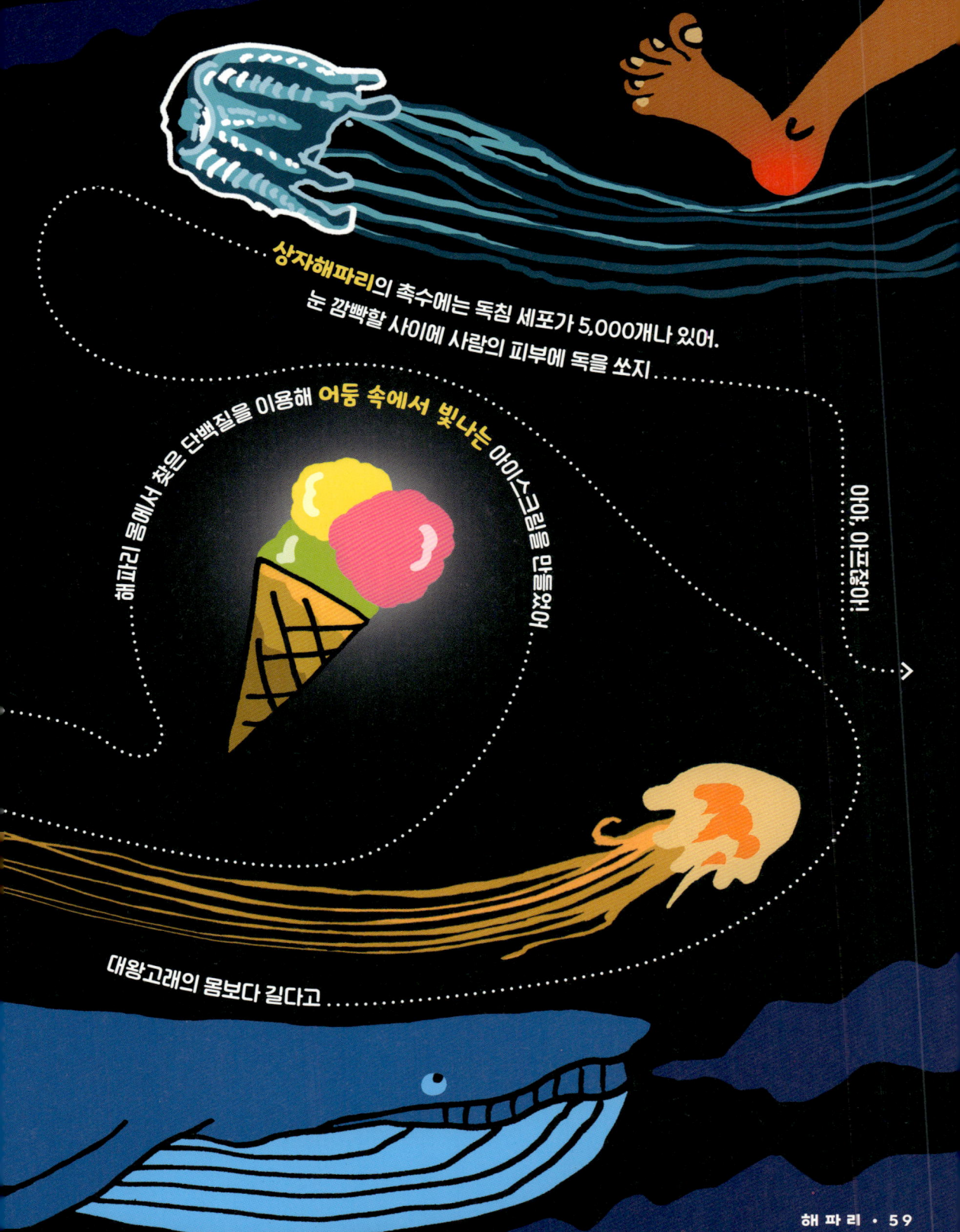

아프리카에 사는 갈기쥐의 털은 **치명적**이야. 독이 있는 나무껍질을 씹어서 곤죽으로 만든 다음 몸에 바르기 때문이지.

에메랄드는쟁이벌은 바퀴벌레의 뇌에 **생각을 지배하는 독**을 주입하고 행동을 조종해.

브라질 근해의 스네이크 아일랜드에는
뱀이 하도 많아서 사람이 살지 않아.
그중에서도 황금창머리독사의 맹독은
사람의 살도 녹이는 것으로 유명해.

독 · 61

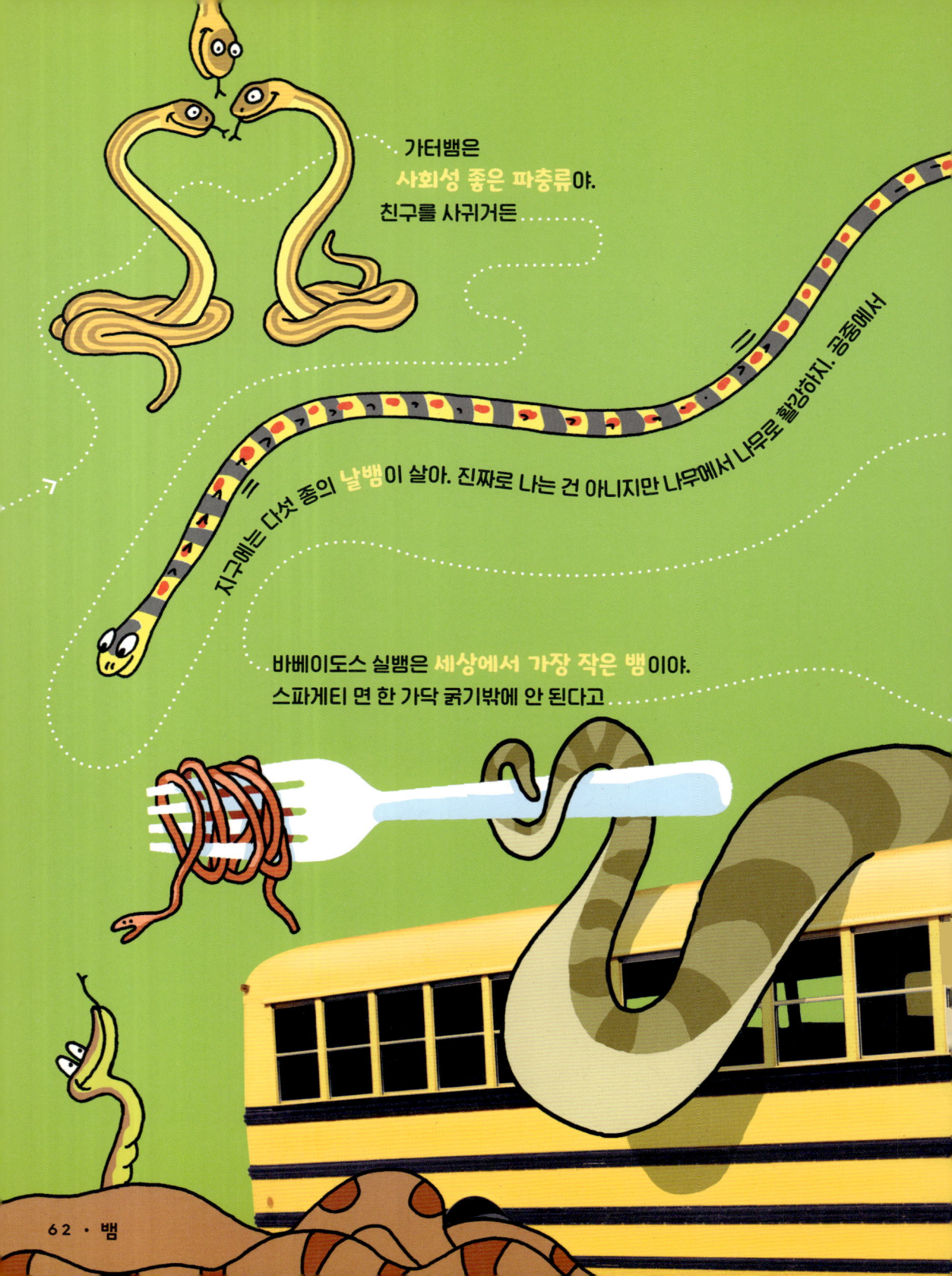

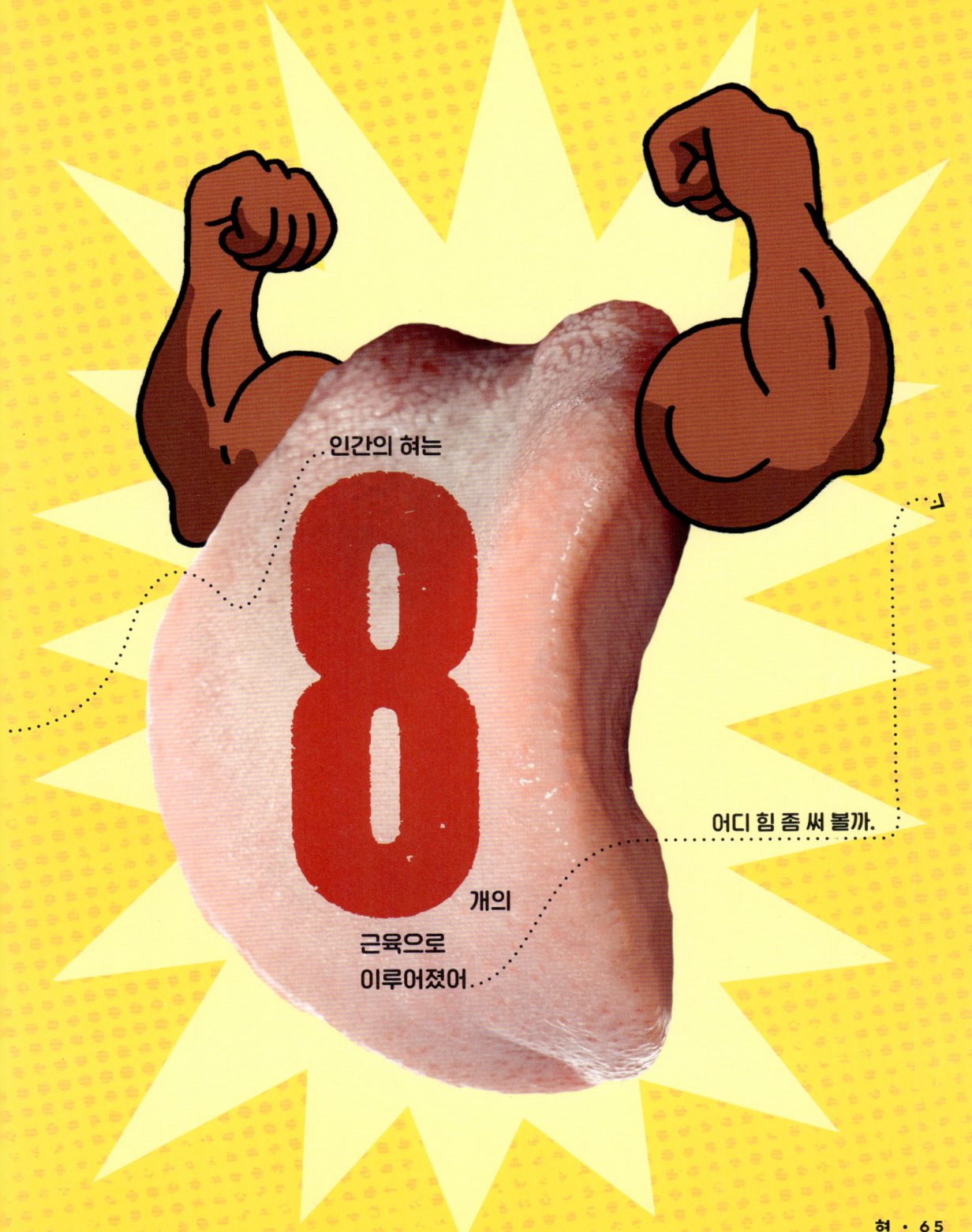

몸에서 가장 큰 근육은 엉덩이에 있지.

근육 • 67

비버는 궁둥이 근처에서 **바닐라 냄새**가 나는 물질을 분비해. 이 물질로 향수를 만들기도 하지.

둘러봐도 좋아 가리!

엉덩이 • 69

웜뱃은 세상에서 유일하게 주사위 모양의 똥을 누는 동물이야.

새똥에서 **하얀 부분**은 똥이 아니야. 새의 오줌이지.

한국에는 세계에서 유일한 변기 모양 집이 있어. 지금은 황금색 똥 조형물을 포함해서 변기를 주제로 한 예술 작품을 전시하는 박물관이 되었지.

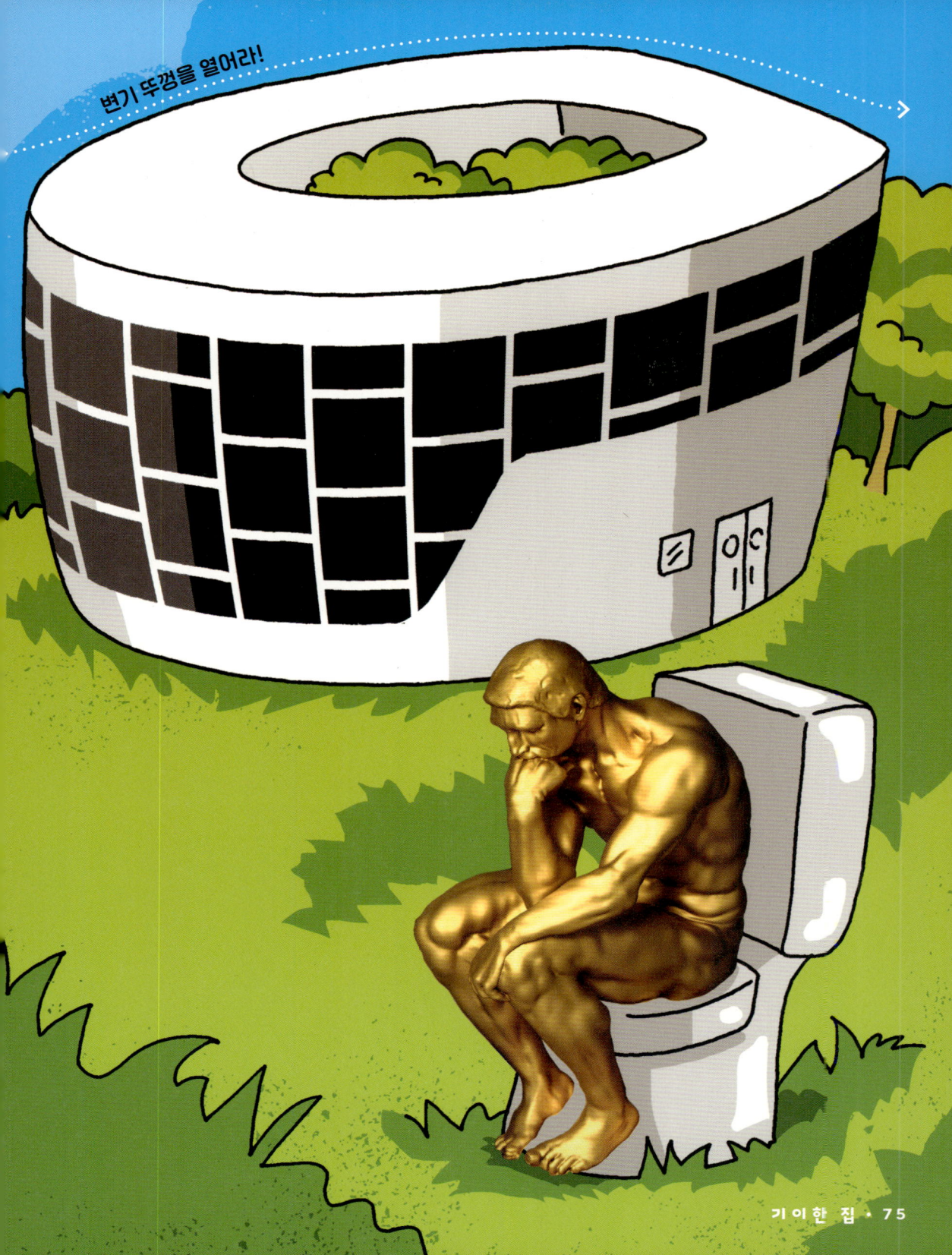

16세기 영국에서는 왕이 화장실을 사용하는 동안 시중을 드는 '변기 담당관'이 아주 명망 있는 **직업**이었지.

직업 중에는 **아이스크림**을 전문적으로 맛보는 직업도 있어.

고대 그리스인은 **양파**가 몸을 튼튼하게 해 준다고 믿었지. 그래서 **올림픽** 훈련을 하는 동안 양파를 먹었대.

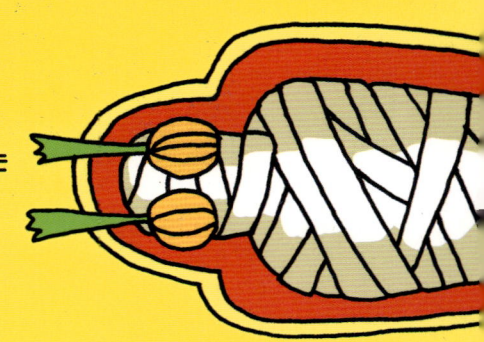

고대 **이집트**에서는 미라의 눈에 **양파**를 채워 넣기도 했대.

한때 줄다리기는 **올림픽 스포츠** 정식 종목이었어.

한 **아이스크림** 가게는 식은땀 맛 아이스크림을 팔아. **고추** 세 종류와 매운 양념 두 종류를 섞어서 만들었대.

고추에 들어 있는 캡사이신은 통증을 가라앉히는 **약**에 쓰이기도 해.

곰팡이 핀 빵과 꿀을 **약**으로 쓰기도 했어. **고대 이집트**에서 말이야.

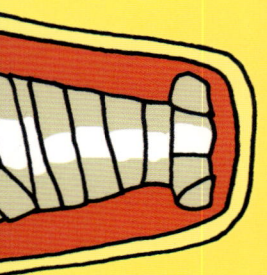

스포츠 중에 유일하게 **달**에서 경기한 건 바로 골프야.

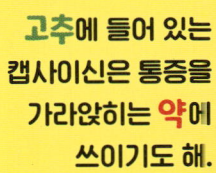

달에는 거울이 있어. 지구의 과학자들이 그 거울에 레이저를 쏘아 여러 측정을 하지.

오랑우탄은 비가 오면 **큰 나뭇잎을 우산처럼** 사용하지.

유인원은 크게 **네 종류**로 나뉘어.

1
침팬지

2
고릴라

3
보노보

4
오랑으탄

어떤 과학자는 인간도 유인원으로 분류해.

비행기는 **낙뢰**를 견디도록 설계되었어. 거의 모든 비행기가 1년에 한두 번씩 벼락을 맞지.

158쪽으로 가시오.
번개가 치면

세계에서 **가장 큰 비행기**는 날개 길이가 미식축구장 골대와 골대 사이보다 길어. 여객기는 아니고 우주로 인공위성을 발사할 로켓을 싣고 다니지.

84 • 비행기

날아오를 시간!

안데스콘도르는 비행하는 동안 거의 날개를 펄럭이지 않아. 날개를 한 번도 펄럭이지 않고 160킬로미터를 활공한 새로 기록되었지.

날개 • 87

칼새는 땅에 한 번도 내려앉지 않고 1년 동안 날 수 있어.

무게가 50만 킬로그램이나 나가는 구름이 있어. 아프리카코끼리 71마리의 무게지.

과학자들이 우주에서 지구 바다의 140조 배나 되는 물구름을 발견했어.

아프리카코끼리의 코에는 4만 개의 근육이 있어. 인간은 몸 전체를 통틀어서 650개밖에 없는데 말이지.

과학자들은 인공 근육을 만들 때 과자 봉지에 쓰는 플라스틱을 이용했어.

빗방울이 **땅**에 떨어질 때 세균이 방출하는 지오스민이라는 화학 물질은 비 오는 날의 특별한 흙냄새를 풍기지. 지오스민으로 **향수**를 만들기도 해.

어떤 **향수**에는 용연향이라는 재료가 들어가는데 **향유고래**의 장에서 만들어지는 물질이야.

향유고래는 지구에서 뇌가 가장 큰 동물이야. **인간의 뇌**보다 여섯 배나 크지.

인간의 뇌는 73퍼센트가 물이야.

세상에서 가장 큰 **과자** 봉지는 무게가 1,141킬로그램이고 높이가 이층집만 해. 봉지 안에는 바닷소금을 뿌린 과자가 들어 있어.

그럼 나른 기록에 도전해 볼까?

팩트 꼬리 물기 • 89

어떤 사람은 수염에 **가장 많은 이쑤시개**를 달고 있는 것으로 기록을 세웠어. 무려 3,500개!

세계에서 **가장 많은 고무 오리를 수집한** 사람은 무려 5,631개의 고무 오리로 방 전체를 채웠어.

머리카락이 다 쭈뼛해지네!

128쪽으로 가시오.

90 · 세계 기록

대나무 단면을 현미경으로 본 이미지

네덜란드 과학자 안토니 판 레이우엔훅은 처음으로 미생물을 발견한 뒤 '극미 동물'이라고 불렀어.

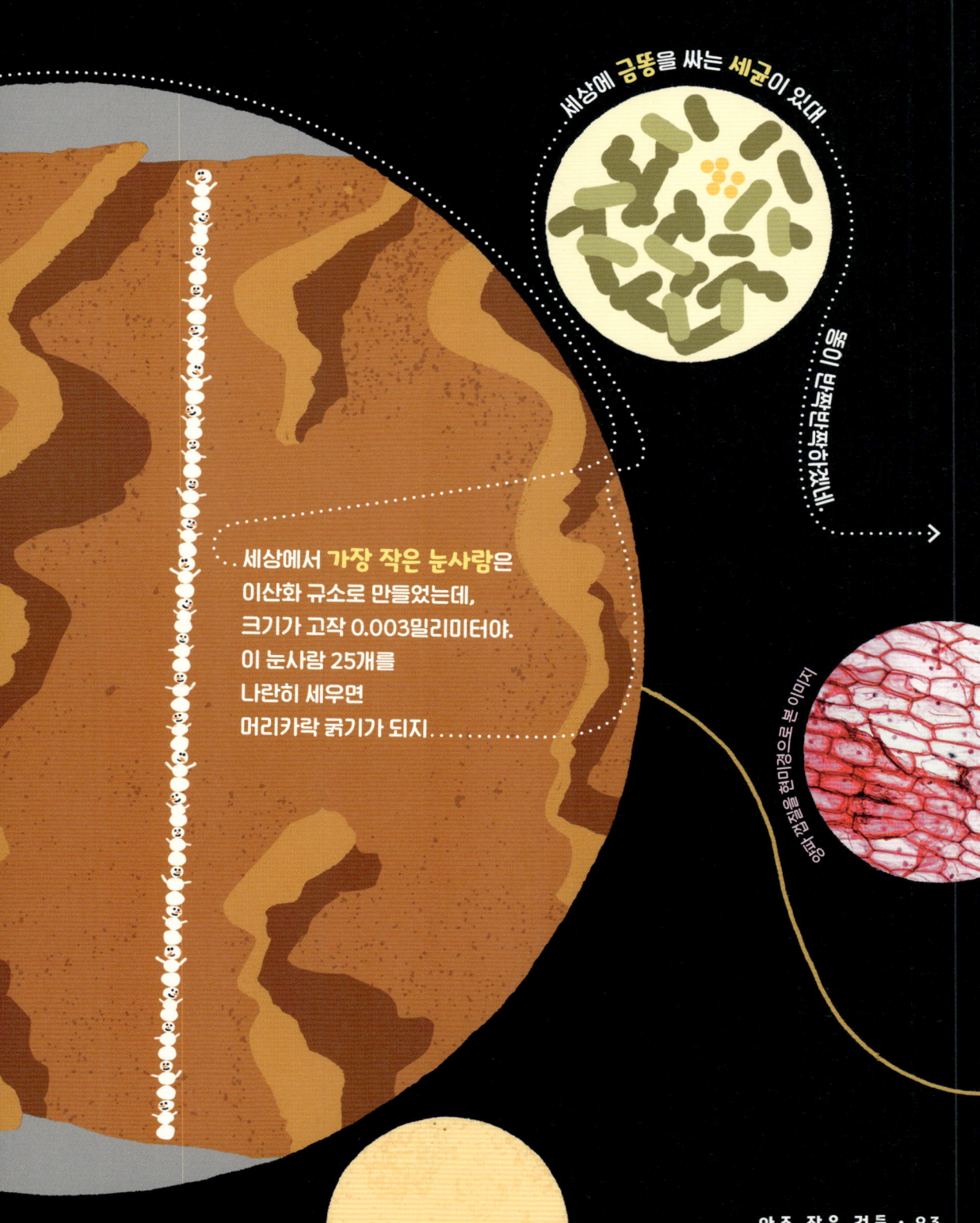

세상에 금똥을 싸는 세균이 있대!

똥이 반짝반짝할지도!

세상에서 가장 작은 눈사람은 이산화 규소로 만들었는데, 크기가 고작 0.003밀리미터야. 이 눈사람 25개를 나란히 세우면 머리카락 굵기가 되지.

양파 껍질을 현미경으로 본 모습이야.

우주 비행사가 국제 우주 정거장 밖으로 똥을 배출하면 지구의 대기권을 통과할 때 불에 타면서 별똥**별**처럼 보일 거야.

우주 비행사의 헬멧에는 금이 발라져 있어.

우주에 있는 **별**의 수는 물방울 열 개 안에 들어 있는 분자의 수와 같아.

어떤 **화산**은 마그마에 **다이아몬드**가 들어 있대. 지구에서는 2,500만 년 전에 마지막으로 폭발했지.

어떤 **상어**는 수중 **화산**에서 살아.

최근에 **식물**을 먹고 사는 **상어**가 발견되었어.

한 고생물학자가 27억 년 된 **빗방울** 화석을 찾았어.

해왕성과 천왕성에서는 수백만 캐럿이나 되는 **다이아몬드 빗방울**이 떨어져.

94 • 팩트 꼬리 물기

오스트레일리아의 **물**저장**개구리**는 몸에 아주 많은 물을 저장하고 있어서 물을 마시지 않고도 몇 년이나 살 수 있어.

골리앗**개구리**는 세계에서 가장 큰 개구리야. **고양이**만큼이나 무겁지.

대나무는 세계에서 가장 빨리 자라는 **식물**이야. 어떤 종은 하루에 1미터씩 쑥쑥 크지.

고양이 몸에는 인간 성인보다 많은 **뼈**가 있어.

대왕판다는 손목에 특별한 **뼈**가 발달해서 **대나무**를 잘 잡을 수 있어.

티라노사우루스 렉스 **공룡**은 한번에 고기를 227킬로그램이나 먹을 수 있어. 햄버거 2,000개 분량이지.

화석 중에서 **공룡**의 발자국 화석을 족적 화석이라고 불러.

더 많은 재밌는 팩트를 찾아서!

티라노사우루스 렉스(티렉스)는 **머리뼈에 구멍**이 있어서 뇌를 시원하게 해 줬어.

아기 티렉스는 고작 **치와와**만 한 크기였어.

56쪽으로 가시오.

뇌가 궁금하면 이쪽으로!

지금까지 발견된 가장 큰 티렉스의 이름은 '스코티'야. 몸무게가 8,600킬로그램도 넘지. **코뿔소 다섯 마리**를 합친 것과 비슷한 무게라고.

으앙, 도망 가자!

아마 티렉스보다 빨리 달리는 사람도 있었을 거야.

...'티라노사우루스 렉스'는 **그리스어와 라틴어**를 합친 말로 **'폭군 도마뱀의 왕'** 이라는 뜻이야.

티라노사우루스 렉스 · 97

유명한 야구 선수 베이브 루스는 경기할 때 마음을 가라앉히려고 모자 밑에 양배추 잎을 넣어 두곤 했대.

역시 채소는 몸에 좋아!

그리기, 글쓰기, 조각하기는 옛날에 올림픽 종목이었어.

알래스카주는 **기록을 깨는** 커다란 채소들이 자라는 것으로 유명해. 이를테면 63킬로그램짜리 양배추처럼 말이지. 여름이면 매일 해가 20시간씩 비추기 때문이래...

오스트리아의 한 오케스트라는 채소로 만든 **악기**를 연주하는 콘서트를 열어. 대파는 바이올린, 당근은 마림바, 파프리카는 트럼펫이 된다고...

118쪽으로 가시오.

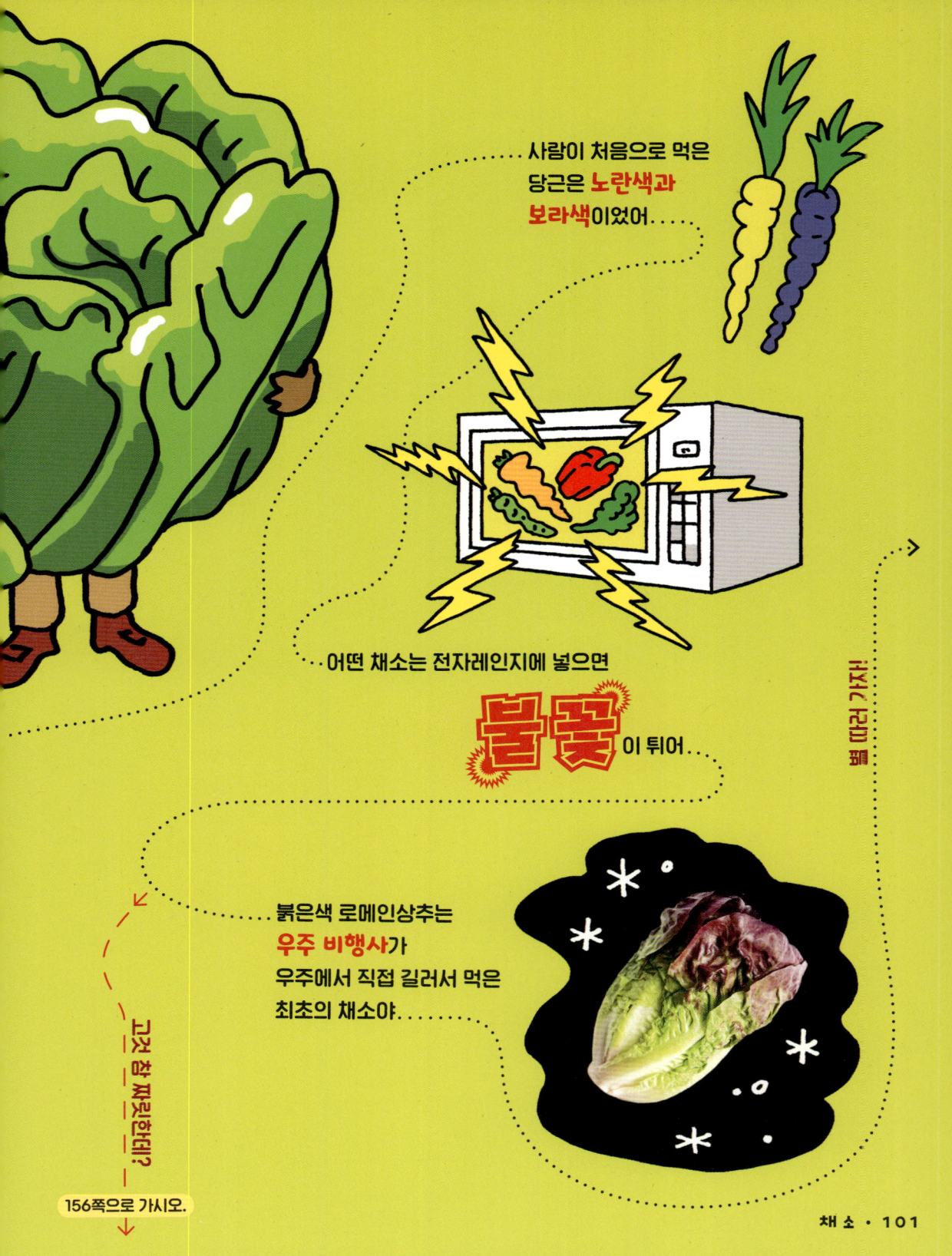

182쪽으로 가시오.

우주에서는 우주 비행사의 키가 3퍼센트 정도 더 **커져**

우주 비행사가 **우주복**을 입는 데는 45분이나 걸려. 우주복 무게가 127킬로그램이나 나가거든

국제 우주 정거장에서 우주 비행사는 공중전화 박스 크기의 침실에서 **잠을 자**.

한 우주 비행사는 우주에서 스테이크 굽는 냄새, 화약 냄새, 산딸기 **냄새가 난다고** 했어. 그 냄새를 흉내 낸 우주 향수가 개발되었지.

우주 비행사들이 달에 남긴 **발자국**은 앞으로 몇백만 년 동안 남아 있을 거야. 달에는 바람이 불지 않으니까.

달은 크기가 점점 줄어들고 있어.

지구에서 가장 오래된 암석이 달에서 발견됐어. 유성이 충돌할 때 깨진 지구의 땅 조각이 달까지 날아갔다고 해.

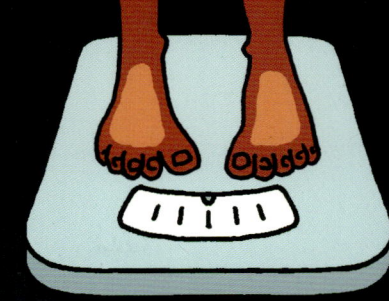

달에서 몸무게를 재면 지구에서의 **6분의 1**밖에 안 될 거야.

점점 무거워져!

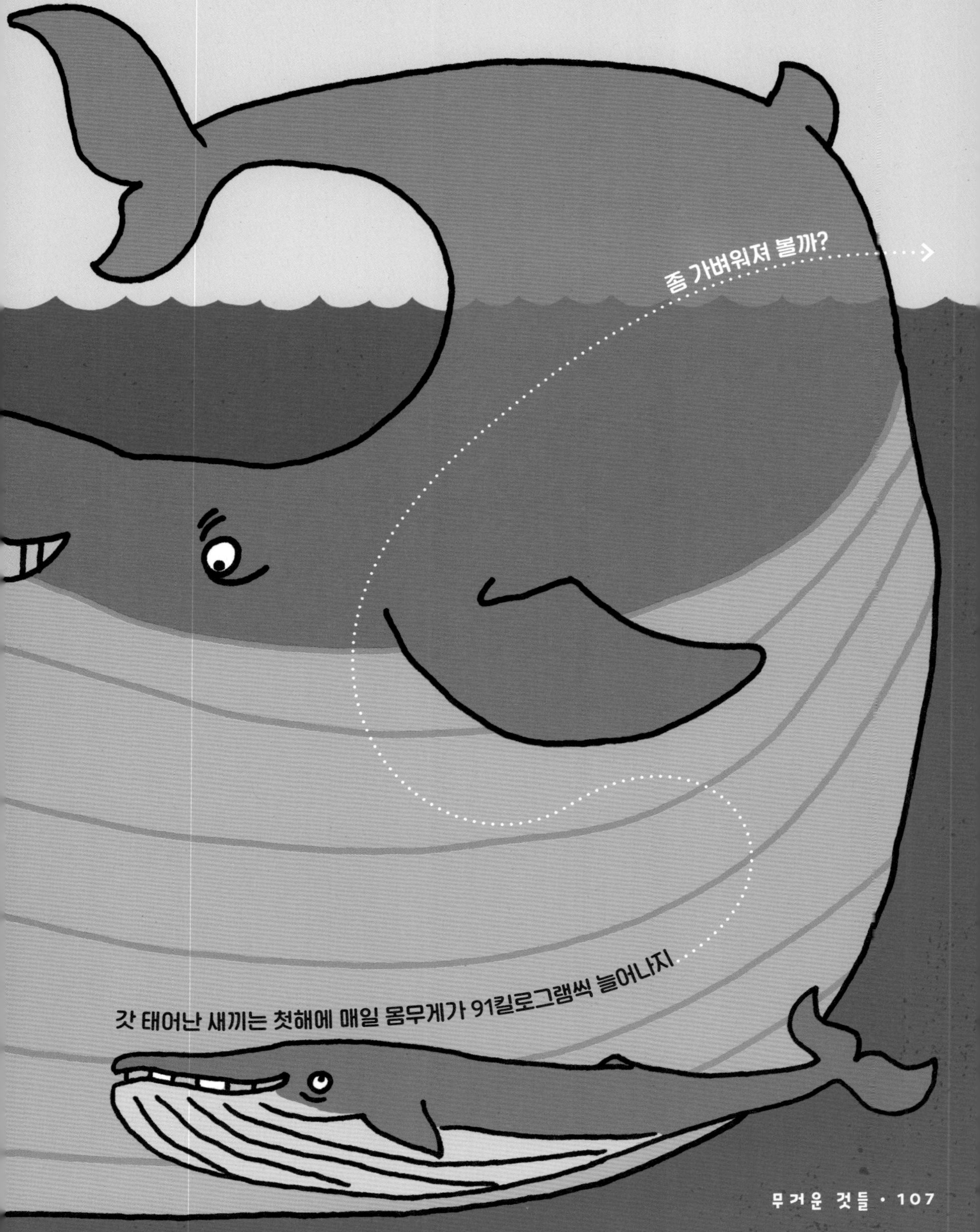

좀 가벼워져 볼까?

갓 태어난 새끼는 첫해에 매일 몸무게가 91킬로그램씩 늘어나지

무거운 것들 • 107

뒤영벌박쥐는
세상에서
가장
가벼운
포유류야.
대왕고래보다

9,000만 배

더
가볍지.

딱따구리는 **콧구멍**에 특별한 깃털이 있어서 나무를 쪼는 중에 조각이 코로 들어가는 걸 막아 주지.

깃털 달린 친구들이 더 보고 싶니?
72쪽으로 가시오.

어떤 새는 날갯짓을 이용해서 소리를 낼 수 있어. **날개의 노래**라고나 할까……

랄랄라!

홍학이 태어날 때부터 **분홍색**인 건 아니야. **새끼 홍학**은 흰색이나 회색이지.

무리 지어 함께 노래하는 사람들의 **심장**은 똑같은 속도로 뛴대.

심장처럼 생긴 얼음 벌판도 있어. **명왕성**에 말이야.

털개구리는 제 몸의 **뼈**를 부러뜨린 다음, 그 조각을 피부 밖으로 밀어내서 방어용 **발톱**을 만들어.

상어의 몸에는 **뼈**가 없어.

야자집게가 집게**발**로 무는 힘은 **사자**가 무는 힘에 맞먹는다지.

사자는 많게는 하루에 20시간까지도 **잠**을 자.

112 · 팩트 꼬리 물기

명왕성의 이름은 지하 세계를 지배하는 **로마**의 신 플루토의 이름을 딴 거야.

고대 **로마**인은 오줌으로 **이**를 하얗게 만들었대.

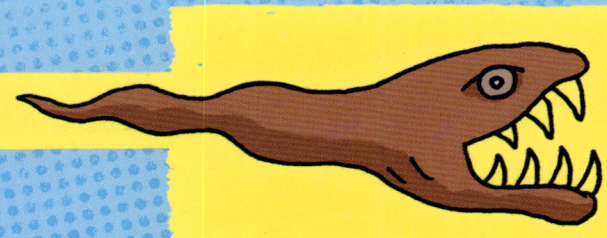

드래곤피시의 **이**는 투명하고 백상아리 **상어**의 이빨보다 단단해.

말과 홍학, 코끼리 같은 동물은 서서 **잠**을 자.

팩트 꼬리 물기 · 113

코끼리는 인간이 들을 수 없을 정도로 주파수가 아주 낮은 소리로 소통해. **그 소리가 땅을 울리면** 발과 코로 진동을 '듣는' 거지.

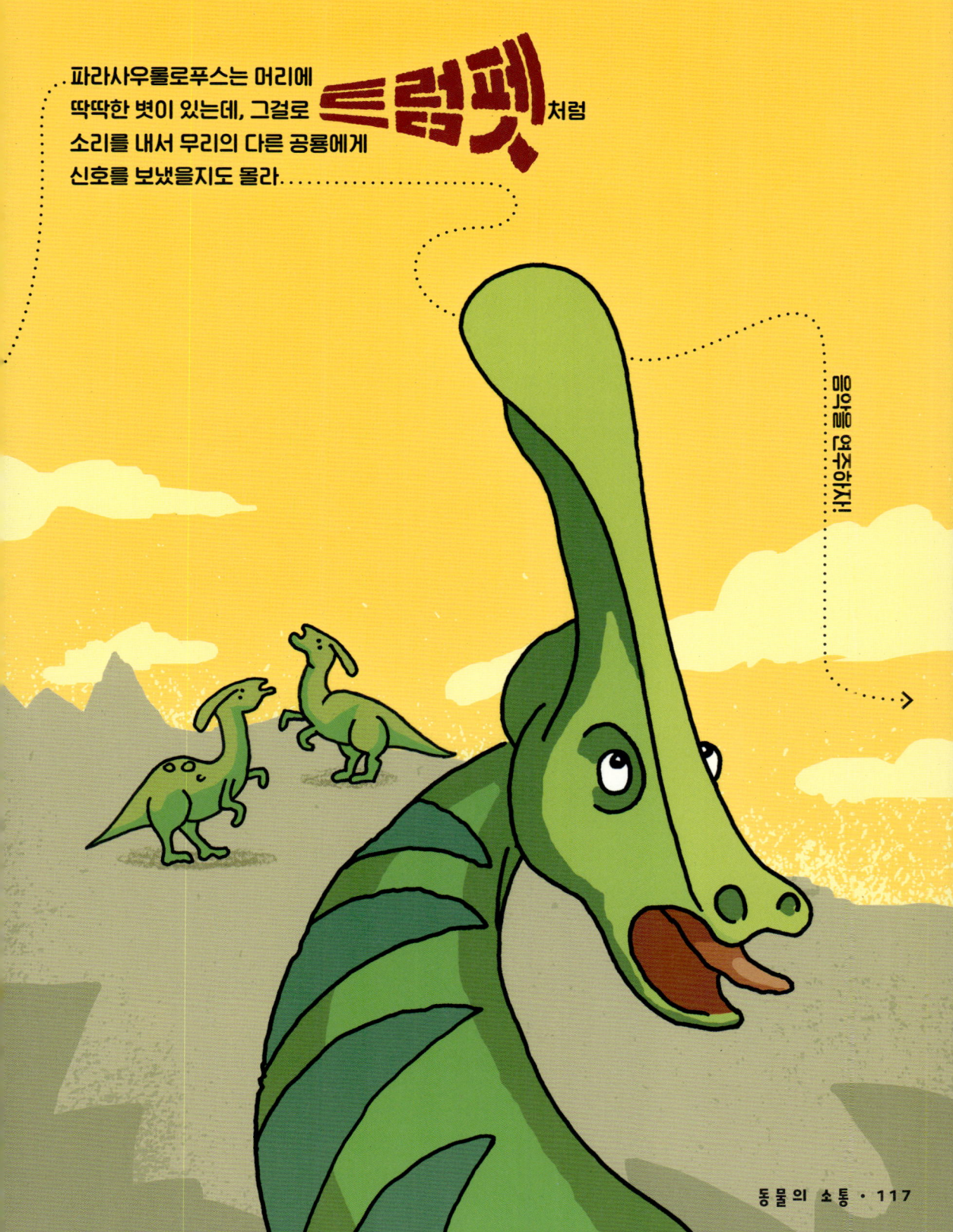

84쪽으로 가시오

높이높이 날아라!

올빼미는 깃털의 구조 덕분에 소리를 거의 내지 않고 날아. 조용한 비행기와 풍력 발전용 터빈을 만들려고 전문가들이 올빼미 날개를 연구하고 있어.

우주에는 소리가 있어. 하지만 인간은 들을 수 없는 소리야.

쉿, 목소리 좀 낮춰 줄래?

자율감각쾌락반응(ASMR)이란 손가락을 두드리거나 종이를 구기거나 휘파람을 부는 것처럼 **특정한 감각**을 느끼거나 소리를 들었을 때 사람들이 **쾌감**을 느끼는 것을 말해.

기린은 밤이 되면 서로에게 조용히 **콧노래**를 불러 주지.

조용한 것들 · 123

포르투갈에 있는 두 곳의 도서관에서는 책장 사이에 사는 박쥐가 책을 갉아 먹는 **벌레를 잡아먹어.**

100년 넘게 뉴욕 공립 도서관의 계단을 지키는

두 사자상의 이름은 '인내'와 '불굴의 정신'이야.

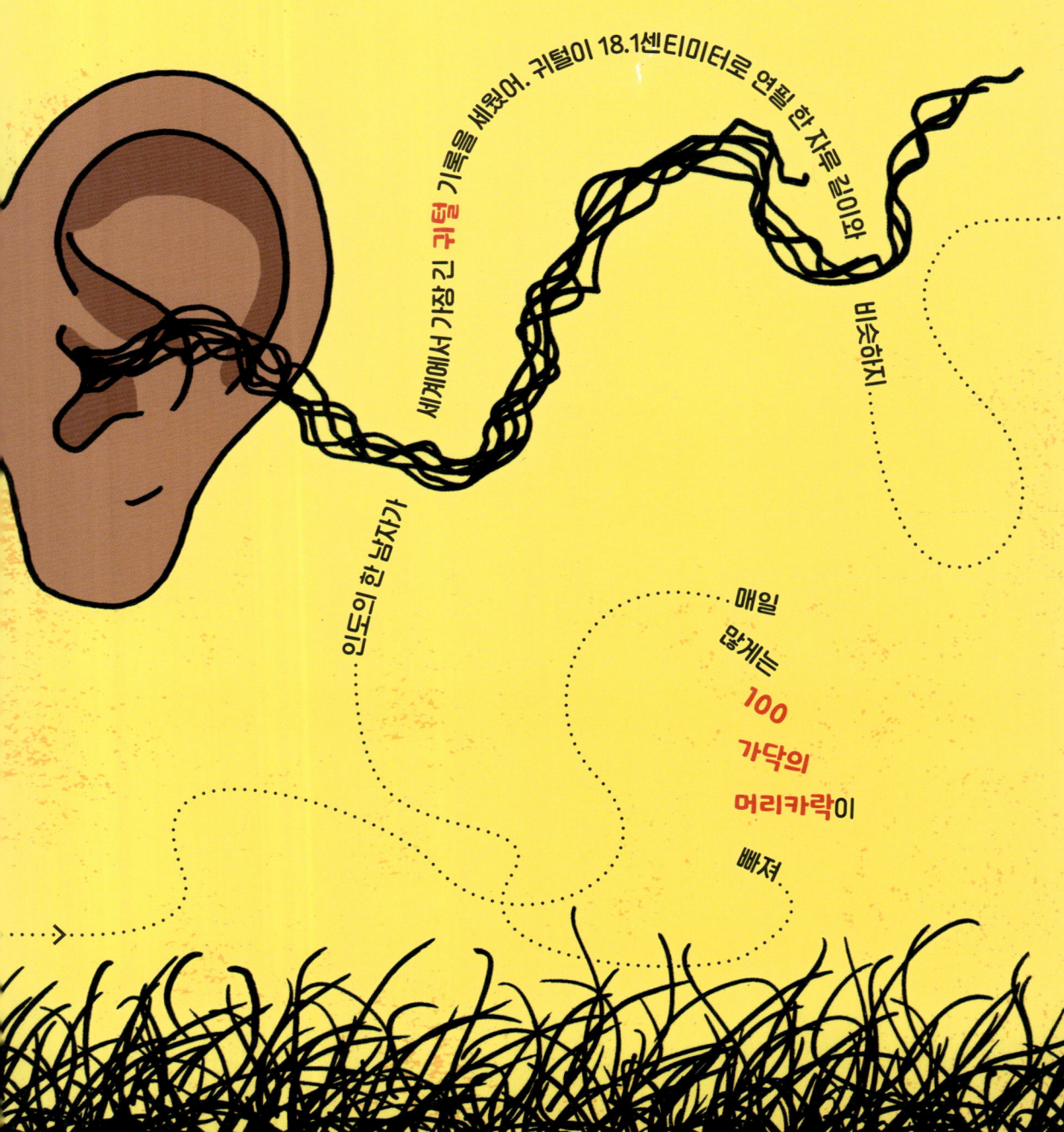

세계 수염 대회에는

수영을 익살스럽게 꾸미고 나온 사람들이 많아······

우승자는 누굴까?

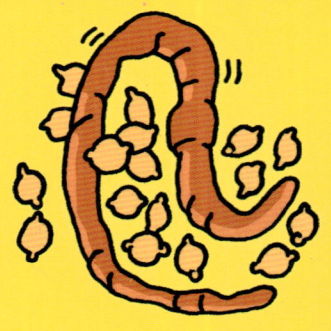

지렁이 알은 작은 레몬처럼 생겼어.

레몬으로 전구에 불을 켤 수 있어.

토머스 에디슨은 전구에 쓸 필라멘트를 찾아서 1,000가지도 넘는 물질을 시험했어. 그중에는 턱수염 털도 있었지.

일본 어느 섬에는 고양이가 사람보다 많이 살아.

고양이 '스텁스'는 미국 알래스카주 작은 도시의 명예 시장으로 뽑혔어.

분홍색 이구아나는 지구의 어느 특별한 섬에서만 살아.

매년 알래스카에서는 세계에서 가장 큰 간이 화장실 경주가 열려. 단 참가하는 모든 간이 화장실 안에 반드시 휴지가 있어야 해.

로마인은 화장실 휴지 대신에 끝에 해면이 달린 막대를 사용했어.

어떤 식품 회사는 사람의 **털**로 만든 화학 물질을 **피자** 반죽에 사용해.

피자가 국제 우주 정거장에 배달된 적이 있어.

어떤 **행성**은 온통 **분홍색** 기체로 뒤덮여 있어.

철에 따라 하루에 **일출**이 세 번이나 일어나는 **행성**이 있어. 행성 HD131399Ab인데 세 개의 별을 공전하기 때문이래.

국제 우주 정거장에 탑승한 우주 비행사는 **일출**과 일몰을 하루에 열여섯 번씩이나 본대.

유리**해면**이라는 바다 생물은 유리처럼 보이는 복잡한 뼈대가 자라. 뼈대 안에서 **새우**가 살기도 하지.

어떤 청소**새우**는 물고기를 유인하려고 춤을 추지.

아침마다 해마 암수 한 쌍이 진해지려고 함께 춤을 춰.

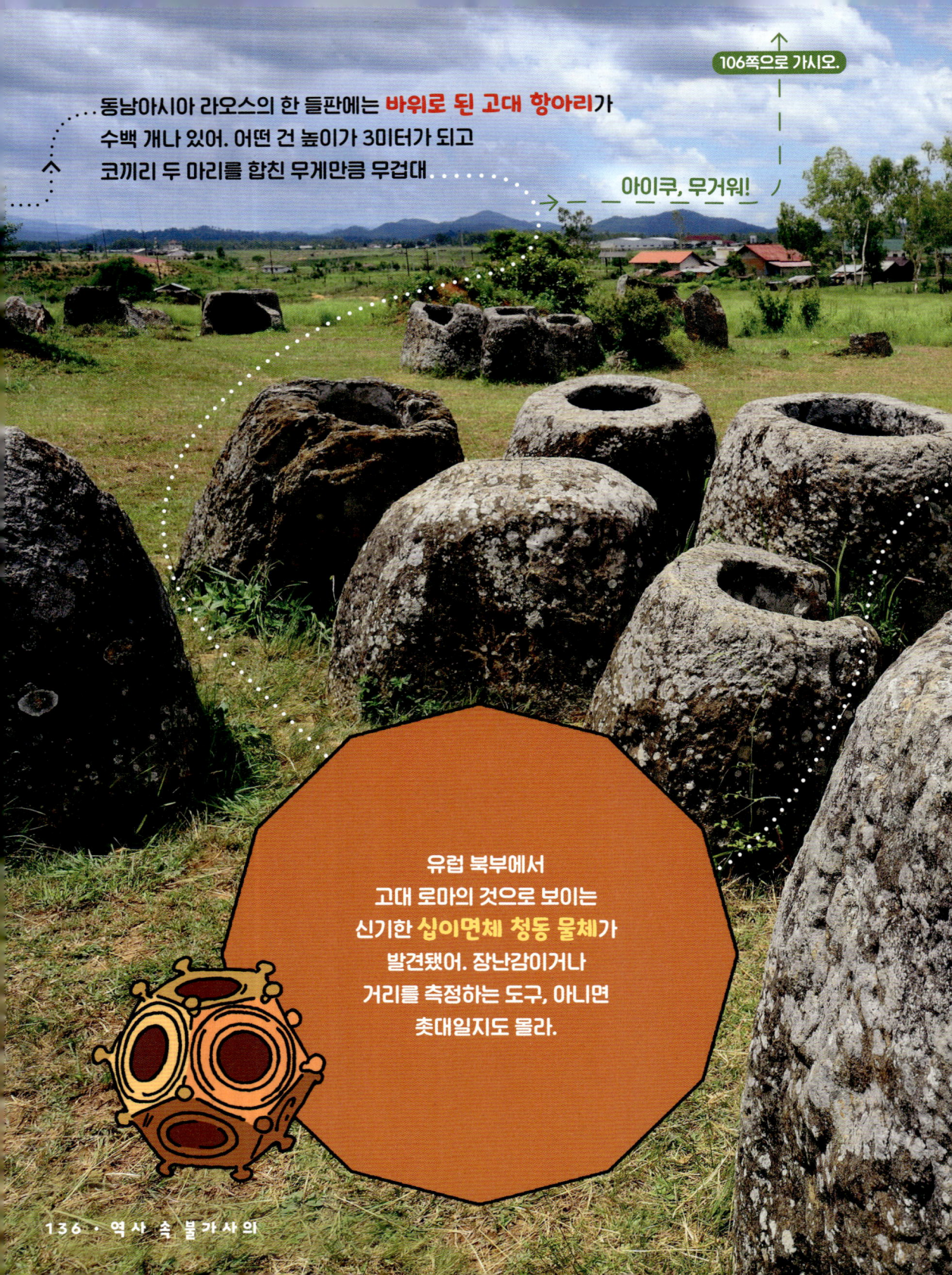

동남아시아 라오스의 한 들판에는 **바위로 된 고대 항아리**가 수백 개나 있어. 어떤 건 높이가 3미터가 되고 코끼리 두 마리를 합친 무게만큼 무겁대.

106쪽으로 가시오.

아이쿠, 무거워!

유럽 북부에서 고대 로마의 것으로 보이는 신기한 **십이면체 청동 물체**가 발견됐어. 장난감이거나 거리를 측정하는 도구, 아니면 촛대일지도 몰라.

영화 '레이더스'에서 인디애나 존스의 뒤를 따라 바위 공이 굴러 내려와 아슬아슬하게 따돌리던 장면이 있어. 이거 바로 그 **무거운 바윗돌**에서 다듬어 놓은 수백 개의 무거운 바윗돌이야.

신기한 모양을 찾아서!

수성에는 **분화구**가 모여서 **미키 마우스**처럼 보이는 곳이 있어.

정육면체 모양의 **수박**을 재배했어.

환경을 생각하기.

동공이 ♥ 모양인 **개구리**도 있어.

달콤 새콤한 것.

22쪽으로 가시오.

138 · 이상한 모양

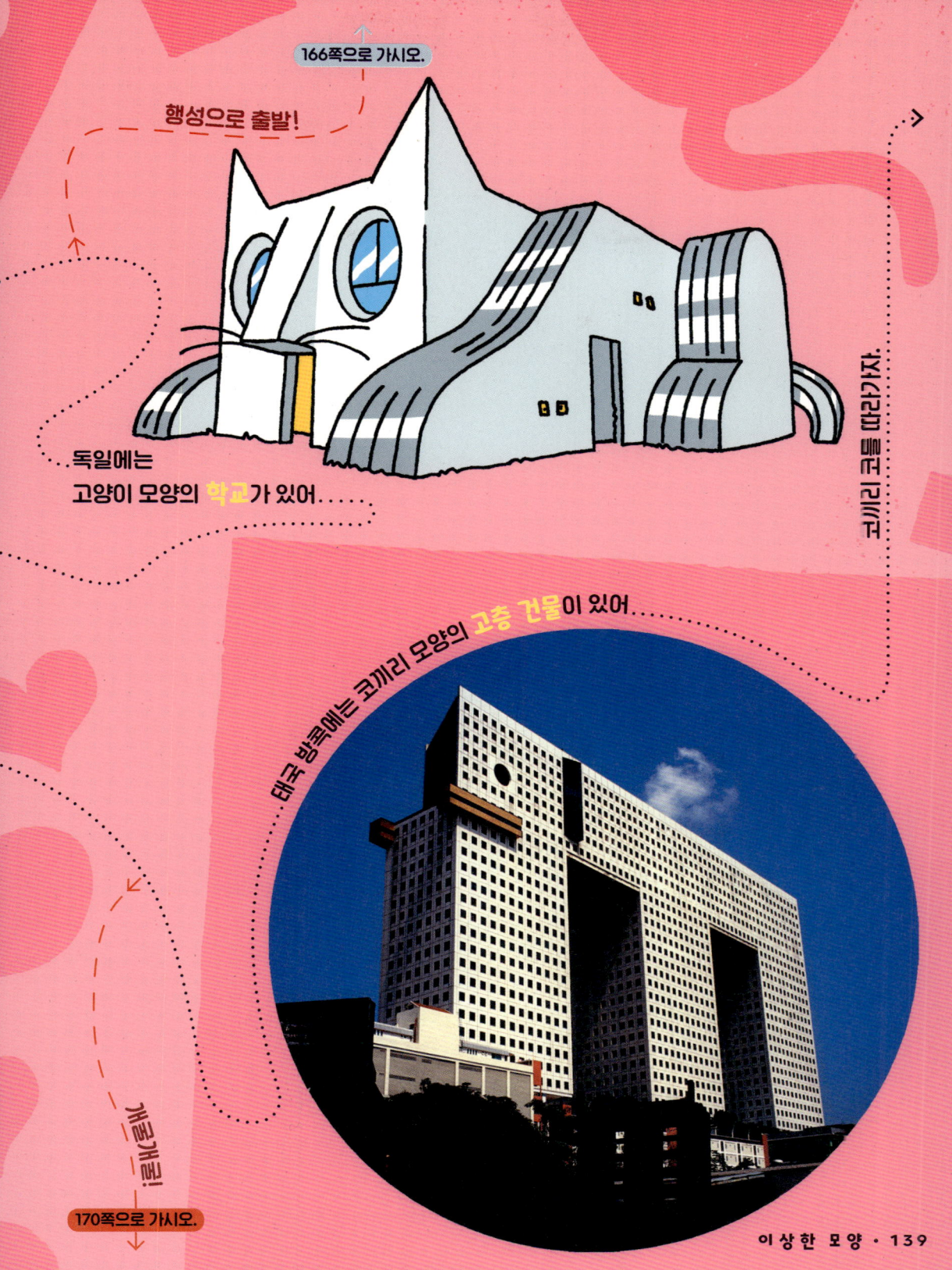

166쪽으로 가시오.

행성으로 출발!

독일에는 고양이 모양의 **학교**가 있어······

태국 방콕에는 코끼리 모양의 **고층 건물**이 있어······

170쪽으로 가시오.

이 상 한 모 양 • 139

코끼리 코는 **나무**를 쓰러뜨릴 정도로 힘이 세지.

소의 위는 **네** 개의 방으로 나누어졌어.

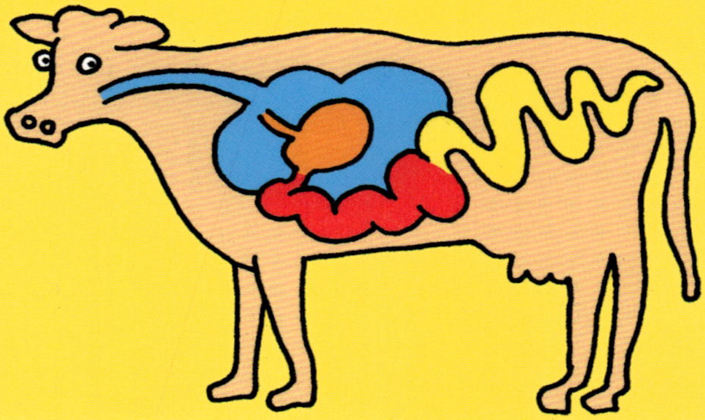

머리에 촉수가 **네** 개 달려 있는 **민달팽이** 봤어? 위쪽 두 개는 후각과 시각을, 아래쪽 두 개는 촉각과 미각을 담당해.

어떤 **민달팽이**는 풀처럼 **끈적한** 진액으로 자기를 보호해. 포식자가 밟으면 발을 떼지 못하게 말이야.

열대 지방의 큰키나무인 **무지개** 유칼립투스는 껍질이 알록달록해.

메탄은 소의 트림에서도 나오지.

위성에도 **무지개**가 뜨는 거 알아? 토성의 위성인 **타이탄**에도 무지개가 뜬대.

타이탄에는 **메탄**으로 이루어진 바다가 있어.

사람의 침보다 400배나 **끈적한** 점액이 카멜레온의 혀끝을 감싸고 있어.

아프리카에 사는 오카피는 기린의 친척인 동물이야. 긴 혀로 귀를 청소하지.

세상에! 저게 뭐지?

팩트 꼬리 물기 · 141

영국의 한 남성은 두 귀로

이층 버스를

끌 수 있어......

50쪽으로 가시오.

오스트레일리아 사막에 사는 가시도마뱀은 피부를 **빨대처럼** 사용해서 모래 속에 있는 물을 빨아들이고 입으로 전달하지.

사하라사막 다음가는 남극 대륙도 사실은 엄청나게 큰 사막이야. 이곳에 **매우 건조**해 기온이 낮아 89도 아래로 떨어지는 날이 있지.

투르크메니스탄의 한 사막에는 커다란 구덩이가 50년째 **불타고 있어**

144 · 사막

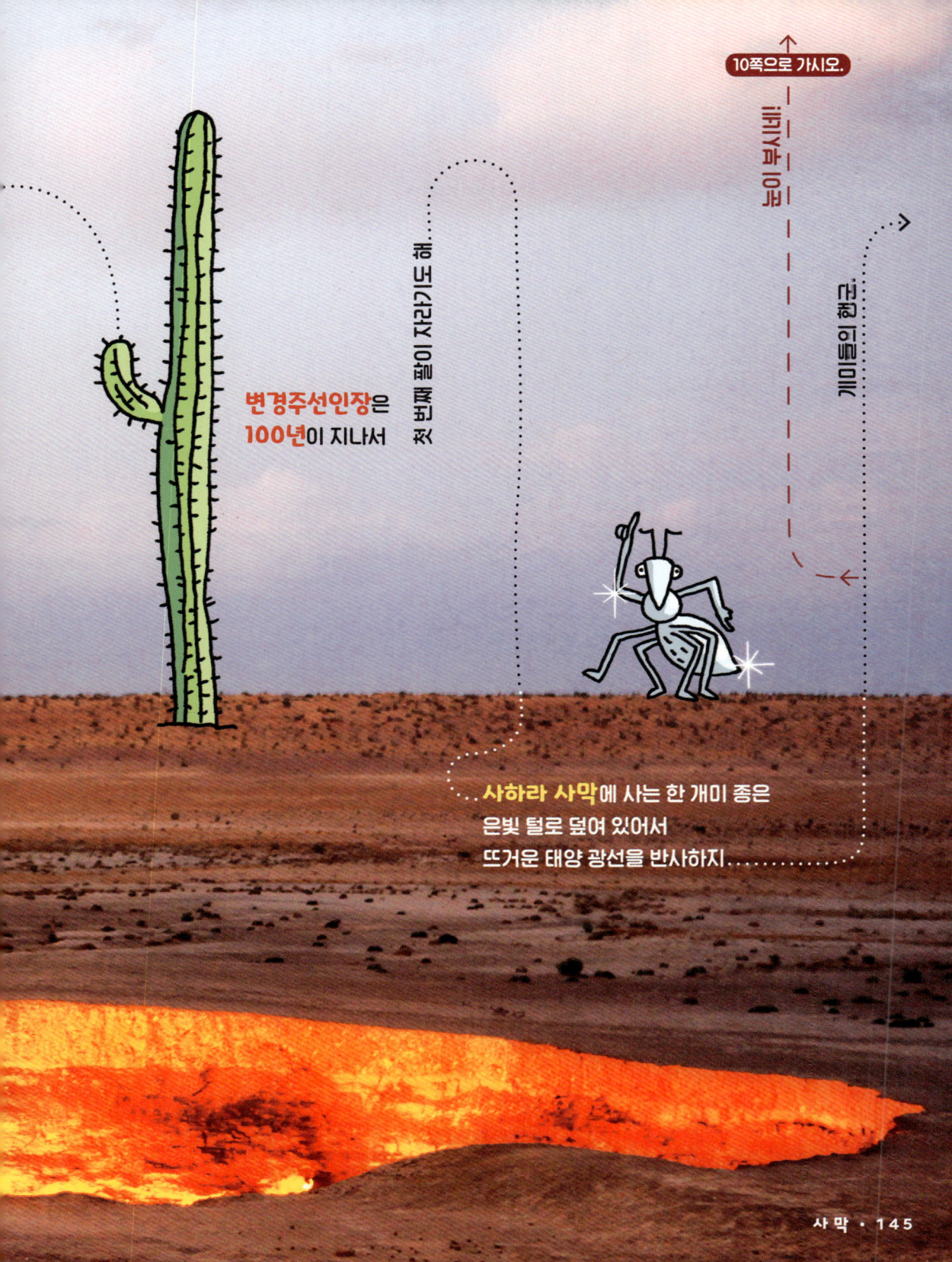

변경주선인장은 **100년**이 지나서 첫 번째 꽃이 자라기도 해.

10쪽으로 가시오.

사하라 사막에 사는 한 개미 종은 은빛 털로 덮여 있어서 뜨거운 태양 광선을 반사하지.

사막 • 145

개미는 **공룡이 살던 시대부터** 지구에서 살았어.

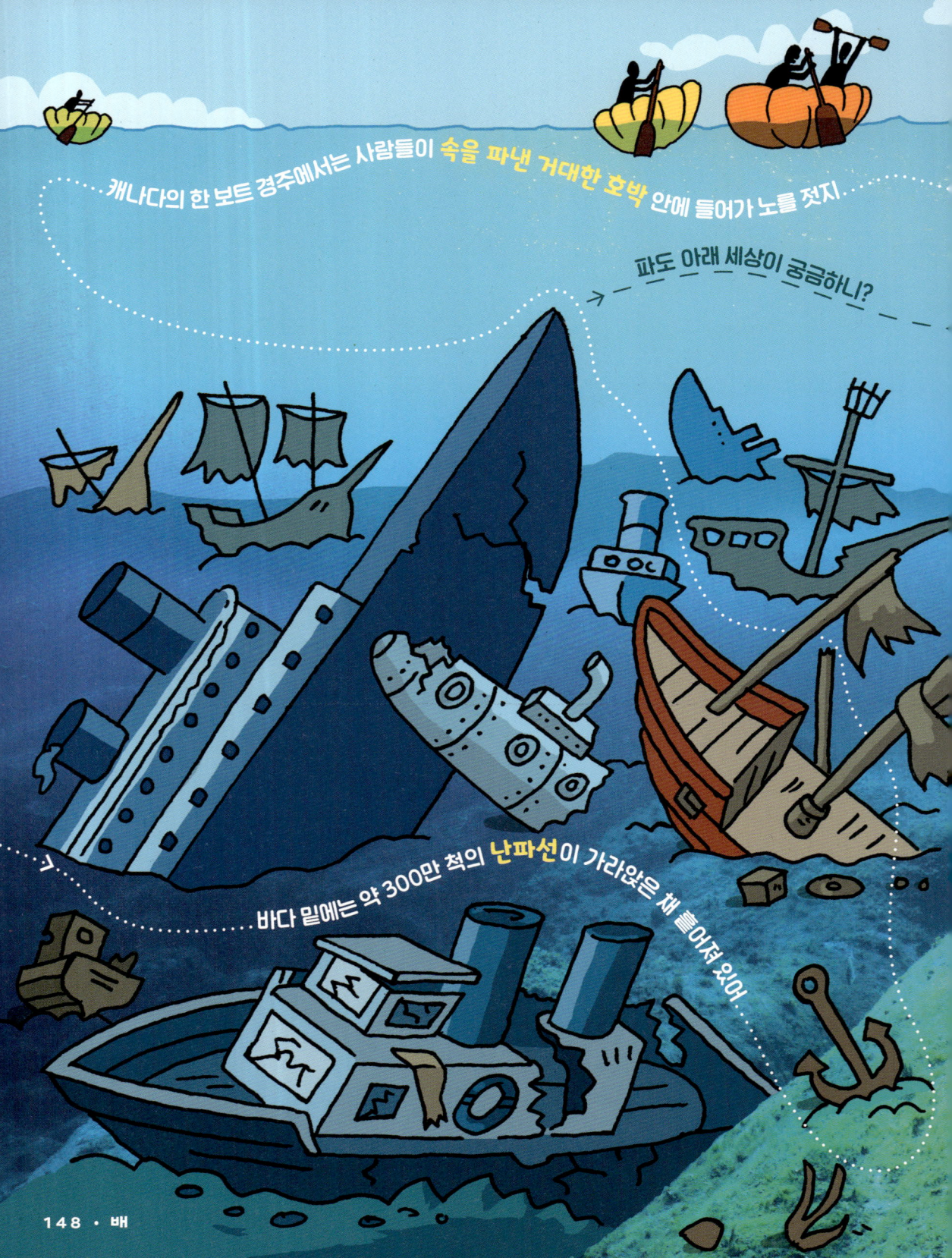

과학자들은 바나나 껍질이 얼마나 **미끄러운지** 실험으로 보여 주었어.

바나나는 나무가 아니야. 생강과 가까운 풀이지.

바나나에는 천연 **방사성** 물질이 들어 있어. 하지만 한 끼에 10억 개씩 먹지 않는 이상 우리 몸에는 아무 문제가 없지.

영어로 바나나 한 개는 **손가락**, 한 송이는 **손**이라고 불러.

솜사탕

**기계를 발명한
사람 중에는
치과 의사도 있어.
믿거나 말거나.**

↑ 102쪽으로 가시오.

다시 한번 우주여행을 떠나 볼까?

옛날에는 의사가 환자에게 **약으로** 설탕을 주기도 했어.

엠앤엠즈™ 초콜릿은 우주 비행사들이 **우주에서** 맨 처음으로 먹은 사탕류야.

고고학자들이 5,700년 된 **껌**을 발견했어.

설탕 결정을 으깨면 정전기가 일어날 수 있어.

정말 놀랍지!

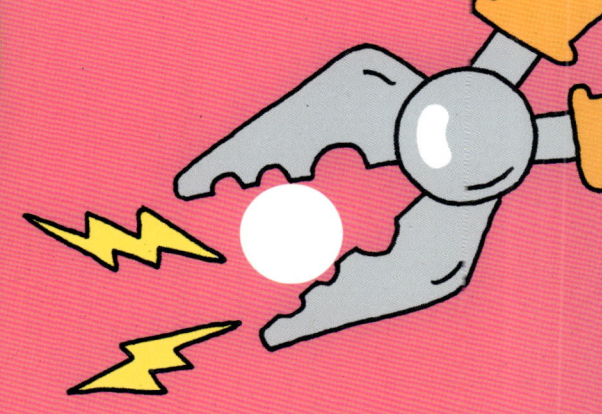

설탕과 사탕 · 155

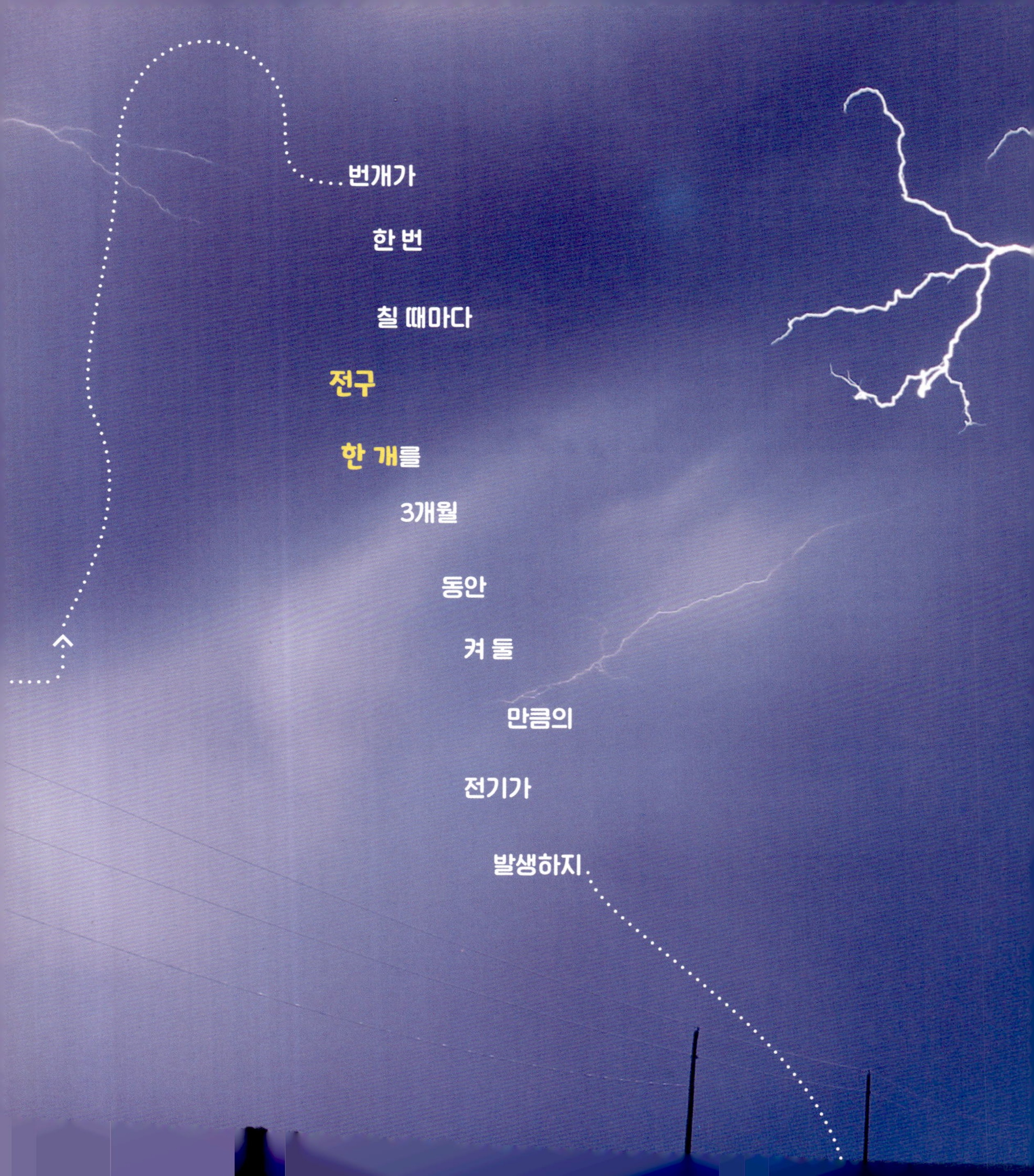

번개가

한 번

칠 때마다

전구

한 개를

3개월

동안

켜 둘

만큼의

전기가

발생하지.

폭풍이 몰려온다.

폭발 중인
화산
에서도 번개가 발생할 수 있어.

구상번개는 떠다니는 **전기 기포**인데, 창문도 뚫는다고 하지.

오스트리아의 한 공원은 매년 홍수가 나서 **호수로 변해**. 길과 벤치, 심지어 다리도 모두 물속에 잠기고 말지.

캐나다 클리럭 호수는 별명이 **점박이 호수**야. 여름에는 일부가 말라서 다양한 광물질로 이루어진 수백 개의 알록달록한 웅덩이가 드러나지. 위에서 보면 점무늬처럼 보여.

미국 아칸소주의 다이아몬드 주립 공원에서는 자신이 찾은 암석과 보석을 모두 가져갈 수 있어. 사람들이 그곳에서 총 **7만 5,000개**도 넘는 다이아몬드를 발견했지.

나도 그 보석 발견했으면

디거랜드라는 놀이공원에서는 관람객이 직접 **트럭이나 굴착기를 몰거나**, 공사 장비 같은 놀이 기구를 탈 수 있어.

급상승하는 충격을 견디려면 고글을 써야 할 정도야.

과학자들은 화성에 **오팔**이 있다고 생각해.

지금까지 발견된 것 중 **가장 큰 에메랄드**는 대왕판다 세 마리를 합친 무게만큼 무거워.

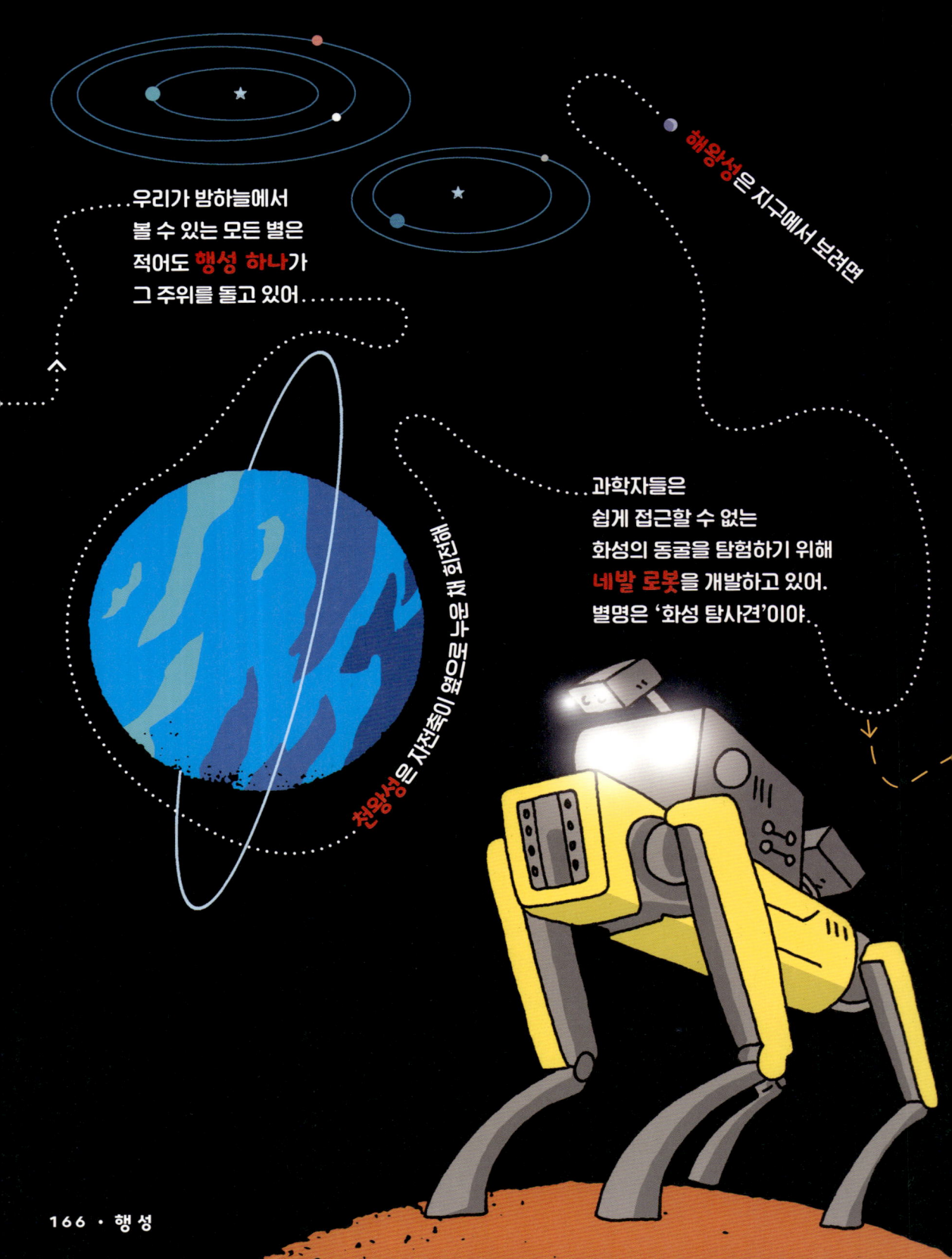

우리가 밤하늘에서 볼 수 있는 모든 별은 적어도 **행성 하나**가 그 주위를 돌고 있어.

해왕성은 지구에서 보려면

과학자들은 쉽게 접근할 수 없는 화성의 동굴을 탐험하기 위해 **네발 로봇**을 개발하고 있어. 별명은 '화성 탐사견'이야.

천왕성은 자전축이 옆으로 누워서 회전해

목성의 대적반은 지구 크기의 두 배나 되는 어마어마한 폭풍인데 수백 년 동안 멈추지 않고 있어.

우산 챙겨!

망원경이 필요한 유일한 태양계 행성이야.

오오.

36쪽으로 가시오.

행성 · 167

어떤 청개구리는 몸이 완전히 **투명해서** 심장이 뛰는 모습과 먹이를 소화하는 모습까지 보여.

두꺼비는 모두 개구리지만, 모든 개구리가 다 두꺼비인 건 아니야.
*두꺼비는 개구리목 두꺼비과에 속함.

개구리들이 모여 있으니

군대 처럼 보이지?

황금독화살개구리는 몸집이 고작 병뚜껑만 하지만 지구에서 가장 치명적인 동물이야. 사람 열 명은 거뜬히 죽일 정도의 맹독을 품고 있거든.

개구리라고 다 **점프**를 잘하는 건 아니야.

이쪽으로 뛰어가자!

개구리 • 171

깡충거미는 한번에 자기 몸길이의 최대 40배까지 뛸 수 있어. 사람으로 따지면 테니스장 세 개 길이를 단숨에 점프하는 거지.

멕시코점핑콩은 사실 나방 애벌레가 기생하는 **씨앗**이야. 씨앗이 따뜻해지면 나방 애벌레가 안에서 돌아다니는데 그 바람에 씨앗이 **통통** 튀지...

환상적인 나방...

남아메리카에는 잠든 새의 눈물을 마시는 나방이 있어.

호아친이라는 새의 새끼는 날개에 발톱이 달렸어. 그 발톱으로 나무를 기어오르지.

잔디 깎는 기계 경주 대회도 있는 거 알아? 미국의 스포츠로 가장 빠른 기계는 시속 241킬로미터로 질주하지.

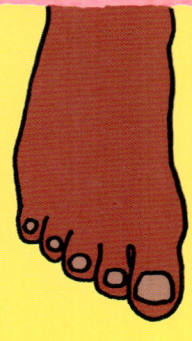

스포츠 중에 발가락 씨름이라는 것도 있어. 서로 엄지발가락을 걸고 힘을 겨루지.

사람의 발가락 사이에 사는 세균으로 치즈를 만들기도 했어.

세계에서 가장 비싼 치즈는 당나귀 젖으로 만든 풀 치즈야.

열대 만치닐 **나무**는 무서운 **독성**이 있어. 오죽하면 스페인에서 그 열매를 '죽음의 작은 사과'라고 부르겠어.

뱀장어도 **독성**이 있어. 바로 **피**에 있지!

수컷 **타조**는 사자가 **포효**하는 듯한 울음소리를 내.

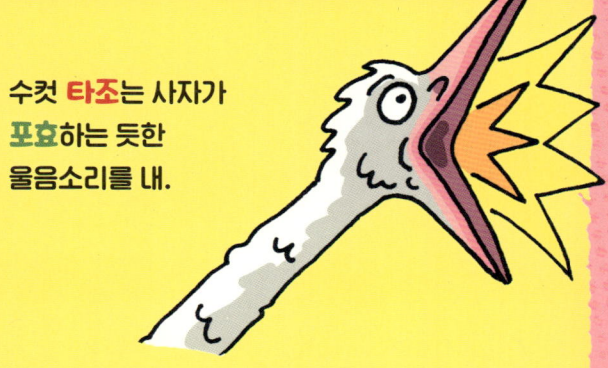

사람의 **피** 세 방울에 10억 개의 적혈구 **세포**가 들어 있어.

지구에서 가장 큰 **세포**는 **타조** 알의 난황이야. 달걀보다 25배나 크지.

호랑이의 **포효**는 **잔디 깎는 기계**보다 25배는 더 크지.

바퀴벌레는 머리가 없어도 몇 주나 더 살 수 있어. 바퀴벌레가 숨을 쉬는 데 **뇌**는 필요 없기 때문이지.

지구에서 가장 영양가가 높은 **젖**은 **바퀴벌레**가 만들지. 과학자들은 미래의 식량을 만들기 위해 그걸 연구하고 있어.

어떤 동물은 **뇌**가 한 개 이상이야. 문어는 뇌가 아홉 개나 있다고.

고놈 참 신기하네.

어떤 등반가들은 **꽁꽁 언** 폭포 위를 올라가지.

한 예술가는 **양변기 1만 개**로 폭포 조형물을 만들었어.

1900년대 초 나이아가라 폭포에서는 무모한 도전을 하는 사람들이 많았어. 처음으로 **나무통을 타고** 나이아가라 폭포에서 뛰어내린 사람은 학교 선생님이었지.

과학자들은 폭포를 **낙하산형, 부채형, 계단형, 주먹형** 등으로 나누어 구분해.

그렇게나 높다고?

세상에서 가장 높은 폭포는 베네수엘라의 앙헬 폭포. 10층 아파트 세 개를 붙여 놓은 것보다 높지.

폭포 · 181

행성 케플러 78b는 1년이 고작 **8.5시간**이야

세상에서 가장 작은 강아지인 치와와 '밀리'는 키가 9.65센티미터밖에 안 되지. 갓 태어났을 때는 **티스푼 안**에 들어갔어

와, 귀여워!

기린은 태어난 지 30분 만에 혼자 설 수 있어.

전 세계에서 **국기**가 사각형이 아닌 나라는 **네팔**뿐이야.

보라색을 **국기**에 쓰는 나라는 전 세계에서 딱 두 나라뿐이야. 니카라과와 도미니카 연방이지.

기린의 혀는 **보라색**이야.

전설에 따르면 예티의 고향은 **네팔**이지. 예티는 **눈** 속에 살아서 설인이라고 불러.

날씨가 흐려지는군.

미켈란젤로도 **눈**사람을 조각한 적이 있어. 유명한 르네상스 **예술가**가 만든 눈사람이라니!

아마존 열대 **우림**의 나무들은 스스로 구름을 만들 수 있어.

예술가의 **뇌**는 예술가가 아닌 사람과 구조가 다르다는군.

골리앗버드이터는 타란툴라 **거미**인데, **우림**에 살고 강아지 크기만큼 자라기도 해.

뇌가 다리까지 연장되어 있는 **거미**도 있어.

야광운은 고도 80킬로미터 높이에서 발생해. 전문가들은 이 구름이 유성 부스러기에서 생긴 **얼음 결정**으로 만들어졌다고 생각한대.

랜즈운은 보통 **UFO**처럼 생겼어.

저 모자 탐나는데?

산꼭대기에 형성되는 구름을 삿갓구름이라고 해.

106쪽으로 가시오.

아직 너무 가볍다고?

중세 기사의 투구는

무게가 4킬로그램이나 나갔어. 머리에 고양이 한 마리를 얹고 다닌 셈이지.

자기 몸은 자기가 지켜야지.

요리사 모자의 주름은 그 요리사가 달걀로 만들 수 있는 요리의 가짓수를 말해. 주름 100개짜리 모자를 쓴 요리사도 있었다는군.

중세 시대 기사는
전쟁에 나갈 때 말에
마갑이라는 갑옷을
입혔어.

나무는 곰팡이 그물망을 이용해 서로 연락을 주고받지.
이 그물망을 우드 와이드 웹(WWW)이라고 불러.

어떤 버섯은
어둠 속에서
빛이 나

불을 밝혀라!

영장류의 일종인
안경원숭이는
어둑해진 곳에서도
색깔을 제대로 볼 수 있어.
안경원숭이가 밤에도
잘 볼 수 있는 이유는
눈이 엄청나게
크기 때문이야.
눈이 뇌보다
크다니깐.

찾아보기

ㄱ

간이 화장실 경주 132
간지럼 83
갈기 126-7
갈기쥐 60
감자 153
감지기 190
갑오징어 53
갑옷 192
강모 35
강아지 36, 187
개 36-7, 91, 96, 185
개구리 50, 95, 112, 138, 168, 170-1
개미 52, 145, 146-7, 196
거미 172, 187
거울 77, 78
계단 16
고래 15, 17, 43, 45, 59, 89, 106, 108, 120
고릴라 82, 83
고양이 35, 95, 126, 132, 139, 191
고추 77
고층 건물 139
곤충 20
골프 6, 77
곰팡이(균류) 7, 196-7
공룡 68, 72, 95, 117, 146, 183
공원 160, 162-3
과일 22-3
과자 봉지 88, 89
광자 10
구름 88, 187-9
구상번개 158
구토 73, 194
국제 해적처럼 말하기 날 152
국제 우주 정거장 94, 103, 133
귀 66, 128, 141-3
귀지 17
귓바퀴근육 66
그리스인 76
극미 동물 92
근육 65, 66-7, 88

금 16, 94
기린 123, 141, 186
기사 191-2
기억 55
기억력 테스트 81
기포 158
기후 190
깃털 72, 109-110, 123
까치 78
껌 155
껍데기 42
꽁치 40
꽃 26-7, 29
꽃말 27
꿀 28, 30, 31, 77
꿈 37

ㄴ

나무 6, 7, 140, 174-5, 182, 197
나뭇잎 82
나방 173-4
난파선 148
날개 84, 87, 111, 123
남극 11, 144, 179
냄새 54-5, 69, 103
네팔 186-7
노래 112, 121
뇌 55-7, 68
눈 127, 198
눈덩이 지구 가설 16
눈물 174
눈사람 6, 93, 182, 187

눈싸움 16
뉴욕 공립 도서관 125
니카라과 186

ㄷ

다이아몬드 10, 16, 94, 163
다이아몬드 주립 공원 163
달 6, 17, 71, 77, 103-5
달걀 135, 175, 191
달걀 댄스 135
달마시안 36
당근 100-1
당나귀 젖 174
대나무 95
대적반 167
대파 100
대회 129-130
도마뱀 144
도미니카 연방 186
도서관 125
독 59-61, 171, 175
동굴 17-9, 119, 166
동물 천재들 78, 81
두꺼비 170
두리안 23
두족류 53
둥지 73
드래곤피쉬 113
디거랜드 163
딱따구리 110
딸기 23
땀 17, 36

똥 14, 21, 70-1, 93, 195

ㄹ

레몬 132
레이더스 137
렌즈운 189
로마 113, 132, 136
로봇 166
로켓 120
롤러코스터 162
루비 165

ㅁ

마갑 192
마그마 94
마야 42
마우나케아 17
말 113, 192, 194
맛 85
망원경 167
머리 장식 72
머리뼈 96
머리카락 93
메갈로돈 47
메탄 141
멕시코점핑콩 173
명왕성 112-3
모노폴리 16
모래 42, 71, 144
모자 190-1
목성 167

목욕 장난감 41
몬테수마 72
몸무게 105
무모한 도전 181
무지개 141
무지개 유칼립투스 141
무향실 122
문어 53, 175-7
물 89, 94-5, 144
물고기 40, 47, 71, 168
물구름 88
므두셀라 42
미각 140
미라 33, 76
미켈란젤로 187
미키 마우스 138
민달팽이 140

ㅂ

바나나 46, 149-150
바나나 스플릿 151
바다 40-1
바다표범 190
바위 공 137
바퀴벌레 60, 175
박쥐 19-21, 108, 125, 168
발가락 씨름 174
발바닥 36
발자국 103
밤눈 127
방사성 물질 150
방패 비늘 49

배 149
백설 공주 78
뱀 43, 53, 61-3
버섯 195-7
버스 142
버터 42
번개(벼락) 84, 156, 158-9
벌 28-30
베르사유 궁전 78
베이브 루스 99
변기 담당관 76
별 94, 106, 166
별똥별 94
병균 16
보노보 82-3
보석 165
북극 8, 11, 13-4
북극곰 14
북극광 11-3
북극해 15
분화구 43, 138
불 144
불행 149
브로콜리 26
브리슬콘소나무 42
블룸 41
비 89, 94, 168
비버 69
비행 85, 87
비행기 84-5, 123
빅토리아 시대 27
빙하 41, 120, 179
빛나는 버섯 197

빵 77
뼈 95, 109, 112, 133

사과 22
사막 143-5
사우로포세이돈 프로텔레스 183
사자 35, 72, 112, 125-7, 175
사탕 153-5
사파이어 165
산 17, 106, 189
산호 71
상어 47-9, 55, 94, 112-3
상추 101
새 14, 70, 72-3, 81, 87-8,
   109-111, 174-5, 178
새우 133
생강 150
석상 190
선사 시대 45, 63
선인장 145
설인 187
설탕 155
성 16
세계 기록 89-91, 100
세계 수영 대회 129
세계 습지 스노클링 대회 43
세계 대전 53
세균 89, 174
세크메트 126
소 140-1
소리 41, 116, 120-3

손가락 66
솜사탕 154
송곳니 46
수박 138
수성 138
수영 90, 129
스네이크 아일랜드 61
스발바르 국제종자저장고 25
스카이다이버 83
스코티(티렉스) 97
스포츠 43, 91, 98-9
스피넬 165
슬램 덩크 91
식당 37-9
신발 153
실크해트 190
심장 112, 122, 170
싱가포르 23
씨앗 23-5, 173

아마존 우림 187
아보카도 22
아이스크림 59, 76-7
아즈텍 72
악어 63
안데스콘도르 87
안킬로사우루스 43
안토니 판 레이우엔훅 92
알레르기 126
암살자 벌레 52
애벌레 52

앵무고기 71
앵무새 81
야광운 188
야구 43, 99
야자집게 112
약 77, 155, 195
양배추 100
양파 76
얼음 15, 16, 112, 118, 188
엉덩이 67-8
에메랄드 164-5
에메랄드는쟁이벌 60
에이브러햄 링컨 190
엠앤엠즈 30, 155
엠파이어 스테이트 빌딩 159
영화관 54
예술가 187
예티 187
오랑우탄 82
오리 40, 90
오줌 113
오징어 53
오카피 141
오팔 164
올림픽 76, 99
올빼미 123
왕관 165
용연향 89
용오름 168
우드 와이드 웹 7, 197
우산 82
우주 71, 101-3, 123, 155
우주 비행사 6, 71, 94, 101-3, 133

우주복 102
웃음 83
원숭이 116, 120, 198
웜뱃 70
위 140
유럽파랑새 73
유리 121
유리해면 133
유에프오(UFO) 189
유인원 81-3
유전자 196
율라드 153
음식 85
음악 34, 100, 118-9
이구아나 132
이빨 113
이산화 규소 93
이스터섬 190
이쑤시개 90
이집트 31, 33, 42, 76-7, 126
이탄지 42
인어의 지갑 49
일본 16, 35, 132, 138
일출 133

ㅈ

자율감각쾌락반응(ASMR) 123
잔디 깎는 기계 174-5
잠 103, 112-3
전구 56, 132, 156
전기 56, 156
전자레인지 101

점액 141
점프 172
정전기 155
조각 91, 99, 180, 187
조개 42
종유석 119
줄다리기 76
중성자별 106
중세 시대 192
지느러미 43
지렁이 132
지오스민 89
진액 140
진흙 43
집 74
집게발 112

ㅊ

채소 100-1
천산갑 64
천왕성 94, 166
청동 물체 136
청설모 53
초콜릿 27
촉수 58-9, 140
춤 133-5
치즈 174
침팬지 78, 81-3

ㅋ

카멜레온 141

칼새 88
캡사이신 77
케라틴 49
케찰 72
케플러 78b 184
코끼리 78, 88, 113-4, 136, 139, 140
코뿔소 190
코코드메르 24
쿠쿨칸 42
크랜베리 23
크리스마스 153
크리스털 194

ㅌ

타이탄 141
타조 72, 175
태양 9, 10-1, 14, 27, 145
턱수염 132
털 53, 60
테니스 91, 98, 133, 145
테디 베어 91
토끼 91, 143
토네이도 168
토머스 에디슨 132
토성 42, 141
투구 191
투르크메니스탄 144
튤립 26
트림 120, 141
티라노사우루스 렉스 95-7
티타노보아 63

ㅍ

파라사우롤로푸스 117
파프리카 100
판다 42, 95, 164
펭귄 71
폭포 40, 179-181
폭풍 159, 167
푸카오 190
풀 150
풀 치즈 174
플라스틱 88
피 55, 175, 177-9
피라미드 42
피부 49, 50-1, 144, 176
피자 133

ㅎ

하품 36
학교 139
해리 포터 16
해마 134
해면 41
해바라기 27
해변 42
해왕성 94, 166
해적 152
해파리 57-9
행성 133, 165-7
향수 69, 89, 103
혀 63-5, 141, 186
호그와트 16

호랑이 35, 46, 51, 175
호박 148
호수 160
호텔 13
홍수 147
홍학 111, 113
화산 16-7, 43, 94, 158, 190
화석 94-5
화성 42-3, 164, 166
화성 탐사견 166
화장실 16, 76
화장실 휴지 132
휴대전화 16
흑태자의 루비 165
흔들 목마 194

팩토피아를 만든 사람들

케이트 헤일 글
미국 버지니아주 알렉산드리아에 사는 작가이자 편집자입니다. 재미있는 사실들을 찾아다니는 '팩트 사냥꾼'이기도 해요. 개가 의사소통하는 법부터 영감을 주는 과학자의 전기까지 많은 책을 쓰고 편집했습니다. 《팩토피아 ② new 잡학 상식》에서 소개할 사실들을 조사하면서 1권에 싣지 못한 멋진 이야기를 담아내려고 애썼습니다. 이제 케이트는 별똥별을 볼 때마다 혹시 저것이 국제 우주 정거장에서 버린 우주 비행사의 똥은 아닐까 생각합니다.

앤디 스미스 그림
다양한 수상 경력이 있는 일러스트레이터입니다. 런던 왕립예술대학을 졸업했으며, 낙천적이고 따뜻한 손길이 느껴지는 그림을 그립니다. 《팩토피아 ② new 잡학 상식》에 그림을 그리다 보니 좀비 개미부터 채소 오케스트라까지 더 놀라운 것투성이었습니다. 앤디가 가장 마음에 든 팩트는 좌석 아래에서 냄새가 나오는 1950년대 영화관이었습니다. 앤디는 이제 저 영화관이 부활할 때가 되었다고 생각합니다.

로렌스 모튼 디자인
런던의 미술 감독이자 디자이너입니다. 독자들이 《팩토피아 ② new 잡학 상식》에서 안전하게 모험을 마칠 수 있게 페이지들을 연결하는 점선 길을 만들었어요. 얼어붙은 폭포를 보았을 때 스코틀랜드와 알프스에서 아이스 바일을 들고 아이젠을 끼고 등산하던 행복한 기억이 떠올랐습니다.

조은영 옮김
어려운 과학책은 쉽게, 쉬운 과학책은 재미있게 옮기고자 하는 번역가입니다. 서울대학교 생물학과를 졸업하고, 서울대학교 천연물과학대학원과 미국 조지아대학교 식물학과에서 공부했습니다. 이 책을 옮기면서 개미를 좀비로 만드는 곰팡이가 있다는 사실에 오싹했어요. 《유리병 속의 생태계》, 《우주의 바다로 간다면》, 《랜들 먼로의 친절한 과학 그림책》, 《코드 브레이커》, 《이토록 멋진 곤충》, 《10퍼센트 인간》 등을 우리말로 옮겼습니다.

참고 자료

과학자들과 전문가들은 항상 새로운 사실을 발견하고 정보를 업데이트합니다. 팩토피아 팀은 믿을 만한 여러 자료에 근거해 이 책에 나오는 모든 사실을 거듭 확인했습니다. 브리태니커 사실 확인 팀에게 확인도 받았습니다. 이 책을 쓰는 데 참고한 수백 가지 자료 중에 중요한 몇 가지 웹사이트를 소개합니다.

언론사
가디언 theguardian.com
내셔널 지오그래픽 nationalgeographic.com
내셔널 퍼블릭 라디오 npr.org
뉴욕 타임스 nytimes.com
디 애틀랜틱 theatlantic.com
로이터 reuters.com
바이스 vice.com
복스 vox.com
사이언티픽 아메리칸 scientificamerican.com
슬레이트 slate.com
와이어드 wired.com
워싱턴 포스트 washingtonpost.com
캐나다 방송 협회 cbc.ca
컨데 나스트 트래블러 cntraveler.com
타임 time.com
트래블앤레저 travelandleisure.com
ABC 뉴스 abcnews.go.com
BBC bbc.com
BBC 사이언스 sciencefocus.com
CBS 뉴스 cbsnews.com
CNN cnn.com
NBC 뉴스 nbcnews.com
USA 투데이 usatoday.com

정부, 과학 단체, 학술 단체
국립 오듀본 협회 audubon.org
네이처 nature.com
메리엄-웹스터 사전 merriam-webster.com
미국 국립생물공학정보센터 ncbi.nlm.nih.gov
미국 의회도서관 loc.gov
미국 항공우주국 nasa.gov
미국 해양대기청 noaa.gov
브리태니커 백과사전 britannica.com
브리태니커 아카데믹 academic.eb.com
사이언스 sciencemag.org
사이언스다이렉트 sciencedirect.com
영국 왕립학회 출판부 royalsocietypublishing.org
JSTOR 전자 도서관 jstor.org

박물관과 동물원
만물박사에게 물어보세요 askdruniverse.wsu.edu
메트로폴리탄 미술관 metmuseum.org
미국 자연사 박물관 amnh.org
샌디에이고 동물원 animals.sandiegozoo.org
샌디에이고 동물원 키즈 kids.sandiegozoo.org
스미스소니언 국립동물원 nationalzoo.si.edu
스미스소니언 매거진 smithsonianmag.com
스미스소니언 해양 포털 ocean.si.edu
스미스소니언 협회 si.edu
영국 자연사 박물관 nhm.ac.uk
플로리다 자연사 박물관 floridamuseum.ufl.edu

대학
동물 다양성 웹 animaldiversity.org
스탠퍼드 대학교 stanford.edu
워싱턴 대학교 washington.edu
일리노이 주립대학교 illinois.edu
하버드 대학교 harvard.edu

기타
기네스 세계 기록 guinnessworldrecords.com
리플리의 믿거나 말거나 ripleys.com
미국 국립야생동물연합 nwf.org
사이언스 데일리 sciencedaily.com
세계 자연 기금 worldwildlife.org
스놉스 snopes.com
아메리칸 케널 클럽 akc.org
아틀라스 옵스큐라 atlasobscura.com
DK Find Out! dkfindout.com
PBS pbs.org

사진 및 그림 출처

위(t), 왼쪽(l), 오른쪽(r), 가운데(c), 아래(b)

p.2 Leblanc Catherine/Alamy; p.6 Peter Horree/Alamy; pp.8-9 Westend61/Getty Images; pp.10-11 Rawan Hussein/123rf.com; pp.12-13 golf was here/Getty Images; pp.14-15 Michael Runkel/robertharding/Getty Images; p.18 Geng Xu/500px/Getty Images; p.20 Minden Pictures/Alamy; p.23 antpkr/iStockphoto; p.24t Pat Canova/Alamy; p.24b Sean Gallup/Getty Images; p.29 Phichaklim2/iStockphoto; p.30 andreykuzmin/123rf.com; p.31 Reuters/Alamy; pp.32-33 Michael Ventura/Alamy; p.34 Akimasa Harada/Getty Images; pp.36-37 Tim Platt/Getty Images; pp.38-39 DieterMeyrl/Getty Images; p.43 NASA; pp.44-45 David Marano Photography/Getty Images; p.46 Andrew Whitehead/Alamy; p.49c Daniel Timothy Allison/123rf.com; p.49b Image Source/Alamy; pp.50-51 PicturePartners/iStockphoto; p.52 Biosphoto/Alamy; p.55 ullstein bild/Getty Images; pp.56-57 Jasmin Merdan/Getty Images; p.58 Blue Planet Archive/Alamy; p.60 Andrew Mackay/Alamy; pp.62-63 Lew Robertson/Getty Images; p.65 Antonio Guillem/Dreamstime; pp.68-69 Dominque Braud/Dembinsky Photo Associates/Alamy; p.70 Mathieu Meur/Stocktrek Images/Getty Images; p.73 wilpunt/Getty Images; p.74 Jaana Pesonen/Shutterstock; p.75 3DSculptor/iStockphoto; p.77 Jonathan Knowles/Getty Images; p.79 Image by Marie LaFauci/Getty Images; pp.80-81 Andrija Majsen/Alamy; p.82 Anip Shah/Getty Images; p.85 Андрей Елкин/iStockphoto; pp.86-87 Sabena Jane Blackbird/Alamy; p.88 Tanes Ngamsom/iStockphoto; p.90 Atthapon Kulpakdeesingworn/Alamy; p.91 by_nicholas/iStockphoto; p.92tl The Print Collector/Alamy; p.92tr claudiodivizia/iStockphoto; p.93cr claudiodivizia/iStockphoto; p.94 Willem Kolvoort/Nature Picture Library; pp.96-97 Leonello Calvetti/Getty Images; p.99 Alpha Historical/Alamy; p.100 Reuters/Alamy; p.101 jirkaejc/123rf.com; p.102 Peter Horree/Alamy; p.104 Science History Images/Alamy; pp.104-105 NASA; p.106 John Philip Harper/Getty Images; p.108 VW Pics/Getty Images; p.109 MirageC/Getty Images; p.111 anankkmi/iStockphoto; p.112 NASA; pp.114-115 Lisa Mckelvie/Getty Images; p.116 Vrabelpeter1/Dreamstime; p.118 Mint Images/Getty Images; p.119 Brad Calkins/Dreamstime; p.121 Stephen Rudolph/Dreamstime; p.122 Sueddeutsche Zeitung Photo/Alamy; pp.124-125 Hemis/Alamy; p.126 Isselee/Dreamstime; p.129 JohnnyGreig/iStockphoto; p.129 Yuri_Arcurs/iStockphoto; pp.130-131 PA Images/Alamy; p.133 David Shale/Nature Picture Library; pp.134-135 Bozena_Fulawka/iStockphoto; pp.136-137 agefotostock/Alamy; p.138 NASA; p.139 Shaun Higson/Thailand—Bangkok/Alamy; p.141 Danita Delimont/Getty Images; p.143 Bryce Flynn/Getty Images; pp.144-145 Tim Whitby/Alamy; pp.146-147 SonerCdem/iStockphoto; pp.148-149 Damocean/iStockphoto; p.151 Harvey Tsoi/Getty Images; p.153tl Milos Tasic/Dreamstime; p.153tr Djama86/Dreamstime; p.153cl Anke Van Wyk/Dreamstime; p.153cr Barelkodotcom/Dreamstime; p.153bl Primaveraar/Dreamstime; p.153br pepifoto/iStockphoto; p.154 Pomah/Dreamstime; pp.156-157 Vincent Marquez/EyeEm/Getty Images; p.159 Mauritius images GmbH/Alamy; pp.160-161 Westend61/Getty Images; p.162 Leblanc Catherine/Alamy; p.164 Andy Koehler/123rf.com; p.165 Iermannika/iStockphoto; p.167 NASA; p.168 PaulPaladin/iStockphoto (carp); p.168 blickwinkel/Alamy (bat); p.168 Nature Photographers Ltd/Alamy (frog); pp.168-169 Isselee/Dreamstime (frogs); pp.168-169 Edd Westmacott/Alamy (trout); p.169 blickwinkel/Alamy (bat); pp.170-171 Rolf Nussbaumer Photography/Alamy; pp.172-173 pungem/iStockphoto; p.174 Bloomberg/Getty Images; p.178 Donyanedomam/iStockphoto; p.180 Daniel Milchev/Getty Images; p.184 PandorumBS/Alamy; p.185 –slav–/iStockphoto; p.186 travel4pictures/Alamy; p.187 dpa picture alliance/Alamy; pp.188-189 Arsty/iStockphoto; p.190 Paul Grace Photography Somersham/Getty Images; p.191 Mats Silvan/Getty Images; pp.192-193 Petra Tänzer/EyeEm/Getty Images; p.194 WILDLIFE GmbH/Alamy; p.197 Anna Stowe Landscapes UK/Alamy.

팩토피아 ❷ NEW 잡학 상식
꼬리에 꼬리를 무는 400가지 사실들

초판 1쇄 발행일 2022년 12월 20일
초판 2쇄 발행일 2023년 3월 24일

글 케이트 헤일 **그림** 앤디 스미스 **옮김** 조은영

발행인 윤호권
사업총괄 정유한
편집 강숙희(김민영) **디자인** 김나영 **마케팅** 서승아
발행처 (주)시공사 **주소** 서울시 성동구 상원1길 22, 6-8층 (우편번호 04779)
대표전화 02-3486-6877 **팩스(주문)** 02-585-1247
홈페이지 www.sigongsa.com / www.sigongjunior.com

Return to FACTopia Written by Kate Hale, Illustrated by Andy Smith
ⓒ 2022 Title two: Return to FACTopia
Text ⓒ 2022 What on Earth Publishing Ltd. and Britannica, Inc.
Illustrations ⓒ 2022 Andy Smith
All rights reserved.
Korean translation rights ⓒ 2022 by Sigongsa Co., Ltd.
Korean translation rights are arranged with What on Earth Publishing Ltd.
through AMO Agency Korea.

이 책의 한국어판 저작권은 AMO 에이전시를 통해 저작권자와 독점 계약한 (주)시공사에 있습니다.
저작권법에 의해 한국 내에서 보호를 받는 저작물이므로 무단 전재와 무단 복제를 금합니다.

ISBN 979-11-6925-407-6 74030
ISBN 979-11-6925-405-2 (세트)

*시공사는 시공간을 넘는 무한한 콘텐츠 세상을 만듭니다.
*시공사는 더 나은 내일을 함께 만들 여러분의 소중한 의견을 기다립니다.
*잘못 만들어진 책은 구입하신 곳에서 바꾸어 드립니다.

KC마크는 이 제품이 공통안전기준에 적합하였음을 의미합니다.
제조국 : 대한민국 사용 연령 : 8세 이상
책장에 손이 베이지 않게, 모서리에 다치지 않게 주의하세요.

Work Book

팩토피아

꼬리에 꼬리를 무는 400가지 사실들

밤이 되면 기린들은 서로에게
콧노래를 불러 주지.

2 NEW 잡학 상식

케이트 헤일 글·앤디 스미스 그림·조은영 옮김

시공주니어

| 사회 | 3-2 1. 환경에 따라 다른 삶의 모습
4-2 3. 사회 변화와 문화의 다양성
6-2 1. 세계 여러 나라의 자연과 문화 |

| 과학 | 3-1 5. 지구의 모습
3-2 2. 동물의 생활 / 4. 물질의 상태 / 5. 소리의 성질
4-1 2. 지층과 화석 / 4. 물체의 무게
4-2 1. 식물의 생활 / 4. 화산과 지진
5-1 3. 태양계와 별 / 5. 다양한 생물과 우리 생활
5-2 2. 생물과 환경 / 3. 날씨와 우리 생활 / 4. 물체의 운동
6-1 2. 지구와 달의 운동
6-2 4. 우리 몸의 구조와 기능 |

| 음악 | 5, 6 음악의 구성 / 자세와 연주법 |

| 미술 | 3, 4 작품과 미술가 |

| 체육 | 3, 4 경쟁 활동의 방법과 기본 전략 |

WELCOME TO FACTopia!

어서 와,

팩토피아에 다시 왔구나!

저번 여행을 마치고 아쉬웠던 친구들 아주 많을 거야.

그때 미처 말하지 못한 엄청난 사실들을 알려 줄게!

점선으로 된 길을 따라가면 돼!

가끔 샛길로 갈라지지만, 길이 한곳으로만 연결되지 않아.

놀랍게도 이곳에 나온 사실들은 다른 사실들과 이어지지.

팩토피아에서 길을 잃는 건 대환영!

그럼 다시 출발해 볼까?

팩트력이 쑥쑥 올라가는 초성 퀴즈 동물

팩토피아에는 동물에 관한 재미있는 사실들도 많이 나와요. 아래 초성을 보고 빈칸에 들어갈 말을 맞혀 보세요. 초성 퀴즈를 다 풀고 난 뒤에는 나만의 초성 퀴즈를 만들어서 가족, 친구와 함께해 보면 더 좋아요!

1. 바닷새의 ㄸ 은 북극을 더 춥게 만든다.

2. 박쥐는 날개가 있지만 새가 아니라 ㅍㅇㄹ 이다.

3. 고대 이집트 사람들은 반려 고양이가 죽으면 ㅁㄹ 를 만들기도 했다.

4. ㅅㅇ 의 피부는 아주 매끈해 보이지만 만지면 사포처럼 거칠다.

5. 해파리는 ㄴ 가 없으며, 몸 95퍼센트가 물이다.

6. ㅂㅂ 는 궁둥이 근처에서 바닐라 냄새가 나는 물질을 분비한다.

7. 오랑우탄은 비가 오면 ㄴㅁㅇ 을 우산처럼 사용한다.

8. 소의 ㅇ 는 네 개의 방으로 나누어졌다.

9. 중세 시대 기사는 전쟁에 나가는 말에 ㅁㄱ 이라는 갑옷을 입혔다.

10. 안경원숭이가 밤에도 잘 볼 수 있는 이유는 눈이 ㄴ 보다 크기 때문이다.

알쏭달쏭! OX로 답해 봐!

팩토피아에는 놀라운 사실들이 정말 많이 담겨 있어요. 팩토피아의 점선 길을 따라 구석구석 여행한 친구들은 누구나 OX 퀴즈 왕이 될 수 있답니다. 나만의 OX 퀴즈를 만들어서 가족, 친구와 함께해 보면 더 좋아요!

1. 인간의 혀는 하나의 단단한 근육으로 이루어져 있다.

2. 입 근육을 조절하면 귀를 움직일 수 있다.

3. 새똥에서 하얀 부분은 새의 오줌이다.

4. 태양의 핵에서는 빛의 입자를 만든다.

5. 세상에서 가장 높은 폭포는 베네수엘라의 앙헬 폭포다.

6. 기린의 혀는 빨간색이다.

팩트 꼬리 물기

지렁이 알은 작은 ☐처럼 생겼어.

☐으로 ☐에 불을 켤 수 있어.

토머스 에디슨은 ☐에 쓸 필라멘트를 찾아서 1,000가지도 넘는 물질을 시험했어. 그중에는 턱수염 ☐도 있었지.

일본 어느 ☐에는 ☐가 사람보다 많이 살아.

☐ '스텁스'는 미국 ☐주 작은 도시의 명예 시장으로 뽑혔어.

☐ 이구아나는 지구의 어느 특별한 ☐에서만 살아.

매년 ☐에서는 세계에서 가장 큰 간이 화장실 경주가 열려. 단, 참가하는 모든 간이 화장실 안에 반드시 ☐가 있어야 해.

로마인은 화장실 ☐ 대신에 끝에 ☐이 달린 막대를 사용했어.

각각의 사실을 연결하는 단어를 찾아보세요. 각 단어를 두 번 사용하여 하나의 사실을 다음 사실과 연결해 보세요.

어떤 식품 회사는 사람의 ▢로 만든 화학 물질을 ▢ 반죽에 사용해.

▢가 ▢에 배달된 적이 있어.

어떤 ▢은 온통 ▢ 기체로 뒤덮여 있어.

철에 따라 하루에 ▢이 세 번이나 일어나는 ▢이 있어. 행성 HD131399Ab인데 세 개의 별을 공전하기 때문이래.

▢에 탑승한 우주 비행사는 ▢과 일몰을 하루에 열여섯 번씩이나 본대.

어떤 청소 ▢는 물고기를 유인하려고 춤을 추지.

유리 ▢이라는 바다 생물은 유리처럼 보이는 복잡한 뼈대가 자라. 뼈대 안에서 ▢가 살기도 하지.

팩트력이 쑥쑥 올라가는 초성 퀴즈 — 곤충과 공룡

팩토피아에는 곤충과 공룡에 관한 재미있는 사실들도 많이 나와요. 아래 초성을 보고 빈칸에 들어갈 말을 맞혀 보세요. 초성 퀴즈를 다 풀고 난 뒤에는 나만의 초성 퀴즈를 만들어서 가족, 친구와 함께해 보면 더 좋아요!

1. 파라사우롤로푸스는 머리에 딱딱한 ㅂ 이 있다.

2. 티라노사우루스 렉스는 ㅁㄹㅃ 에 구멍이 있다.

3. 안킬로사우루스는 곤봉처럼 생긴 ㄲㄹ 가 달렸다.

4. 흑백나방 애벌레는 ㅅㄸ 처럼 보이도록 몸을 돌돌 말고 있다.

5. 한때 과학자들은 공룡 ㅇㄷㅇ 에 두 번째 뇌가 있다고 믿었다.

6. 바퀴벌레는 ㅁㄹ 가 없이도 몇 주 더 살 수 있다.

7. 사우로포세이돈 프로텔레스는 공룡 중에서 가장 ㅁ 이 길었다.

8. 어떤 균류는 개미의 정신을 지배해서 ㅈㅂ 로 만든다.

9. 열마디개미는 홍수가 나면 몸과 몸을 이어 ㄸㅁ 을 만든다.

10. 프랑스에서 어떤 벌들은 ㅊㅋㄹ 을 먹고 꿀을 만들었다.

알쏭달쏭! OX로 답해 봐!

팩토피아에는 놀라운 사실들이 정말 많이 담겨 있어요. 팩토피아의 점선 길을 따라 구석구석 여행한 친구들은 누구나 OX 퀴즈 왕이 될 수 있답니다. 나만의 OX 퀴즈를 만들어서 가족, 친구와 함께해 보면 더 좋아요!

1. 매년 9월 19일은 '해적처럼 말하기의 날'이다.

2. 모든 개구리가 점프할 수 있다.

3. 문어의 피는 분홍색이다.

4. 수성에는 분화구가 모여 미키 마우스처럼 보이는 곳이 있다.

5. 모든 동물은 뇌가 한 개씩 있다.

6. 국기가 사각형이 아닌 유일한 나라는 네팔이다.

단어를 찾아라!

<보기>의 □ 안에 들어갈 단어를 아래의 글자 속에서 찾아보세요.

보기

1. 오스트레일리아 사막에 사는 □□□□□은 피부를 빨대처럼 사용해서 모래 속에 있는 물을 음료처럼 빨아들이고 입으로 전달한다.
2. 명왕성의 영어 이름은 지하 세계를 지배하는 로마의 신 □□□의 이름을 따서 지었다.
3. □□□□은 우주에서 가장 무거운 것 중 하나이고, □□□□는 지구에서 가장 무거운 동물이다.

가	플	중	조	동	똥	촛	대
켕	루	샘	종	오	줌	분	왕
에	토	동	죄	괴	말	뇨	고
베	트	물	고	기	최	넵	래
레	스	꼬	막	꾀	지	구	헝
가	시	도	마	뱀	영	지	플
달	암	석	마	우	주	정	레
중	성	자	별	조	각	기	토
니	조	기	깃	발	자	국	창

빙고를 외쳐라!

《팩토피아 ②》에 나온 팩트 중에 엉뚱하고 신기하고 재미있는 팩트를 골라 빙고판을 채워 보세요. 가장 먼저 세 줄 빙고를 외친 사람이 진정한 팩토피언! 가족, 친구와 함께 빙고 게임을 해 보세요.

가로세로 낱말 퍼즐

가로와 세로에 주어진 힌트를 보고 아래의 낱말 퍼즐을 맞춰 보세요.

가로 힌트

㉠ 영국 왕의 왕관에 달린 흑태자의 루비는 보석인 □□□이다.

㉡ □□□□□는 유명한 르네상스 예술가로, 초대형 눈사람을 조각한 적이 있다.

㉢ 전설에 따르면 □□□□를 혀 밑에 넣으면 미래를 볼 수 있다고 한다.

㉣ 화석 중에 공룡의 □□□ 화석을 '족적 화석'이라고 부른다.

㉤ 오스트리아의 어느 오케스트라는 채소로 만든 악기를 연주한다. 대파는 바이올린, 당근은 □□□, 파프리카는 트럼펫이다.

㉥ 어떤 상어는 알집에 알을 낳는데, 이 알집을 '□□의 지갑'이라고 부른다.

㉦ 한 보석 세공사가 모노폴리 게임을 만들었는데, □□□에 까만 점 대신 다이아몬드를 박았다.

㉧ □□□□는 한 번에 자기 몸길이의 최대 40배까지 뛸 수 있다.

세로 힌트

㉠ 멕시코 마야 □□□□□에서는 1년에 두 번 태양이 그림자를 드리우는데, 모양이 꼭 뱀 같다.

㉡ 고대 이집트의 전쟁의 신 □□□□는 사자 머리를 하고 있다.

㉢ 밤하늘에 생기는 아름다운 북극광을 □□□라고도 부른다.

㉣ 요리사 □□의 주름 개수를 세면 그 요리사가 달걀로 할 수 있는 요리가 몇 가지인지 알 수 있다.

㉤ 개의 몸에서 유일하게 땀이 나는 부위는 □□□이다.

㉥ 우주 비행사가 □□ □□ □□□에서 머무를 때 공중전화 박스 크기의 침실에서 잠을 잔다.

㉧ 세계에서 가장 큰 비행기는 우주로 □□□□을 발사할 로켓을 싣고 다닌다.

팩트를 찾아라!

지금 우리가 사는 세상은 온갖 재미있고 신기한 사실들이 넘쳐나요. 호기심을 가지고 주변을 잘 살펴보세요. 책장에 꽂혀 있는 책 속에도 새로운 사실들을 만날 수 있을 거예요. 재미있는 사실들을 찾아 나만의 팩토피아를 만들어 보세요.

체크 체크! 정답 확인

2쪽 똥(14쪽), 포유류(21쪽), 미라(33쪽), 상어(49쪽), 뇌(57쪽), 비버(69쪽), 나뭇잎(82쪽), 위(140쪽), 마갑(192쪽), 뇌(198쪽)

3쪽 X(65쪽), X(66쪽), O(70쪽), O(10쪽), O(181쪽), X(186쪽)

4-5쪽 (132~133쪽 참고)

6쪽 볏(117쪽), 머리뼈(96쪽), 꼬리(43쪽), 새똥(52쪽), 엉덩이(68쪽), 머리(175쪽), 목(183쪽), 좀비(196쪽), 뗏목(147쪽), 초콜릿(30쪽)

7쪽 O(152쪽), X(171쪽), X(177쪽), O(138쪽), X(175쪽), O(186쪽)

8쪽

가	플	중	조	동	똥	촛	대
켕	루	샘	총	오	줌	분	왕
에	토	동	최	괴	말	뇨	고
베	트	물	고	기	최	넵	래
레	스	포	막	뇌	지	구	형
가	시	도	마	뱀	영	지	플
달	암	석	마	우	주	정	레
중	성	자	별	조	각	기	토
니	조	기	깃	발	자	국	창

가시도마뱀(144쪽), 플루토(113쪽), 중성자별(106쪽), 대왕고래(106쪽)

10-11쪽

가로
㉠ 스피넬(165쪽)
㉡ 미켈란젤로(187쪽)
㉢ 에메랄드(165쪽)
㉣ 발자국(95쪽)
㉤ 마림바(100쪽)
㉥ 인어(49쪽)
㉦ 주사위(16쪽)
㉧ 깡충거미(172쪽)

세로
㉠ 피라미드(42쪽)
㉡ 세크메트(126쪽)
㉢ 오로라(12쪽)
㉣ 모자(191쪽)
㉤ 발바닥(36쪽)
㉥ 국제우주정거장(103쪽)
㉦ 인공위성(84쪽)

기발하고 놀라운 사실이 가득한

팩토피아 야.

이 세상 모든 팩트가 담긴 곳이지!

저번 여행을 못 잊고 또 찾아왔구나!
이번 팩토피아 역시 기대해도 좋아! 점선 길을 따라가면
세상에서 가장 빠른 롤러코스터에서 다이아몬드에 대한 사실로,
세상에서 가장 큰 비행기에 대한 이야기에서
화산 폭발에 대한 이야기로 신나게 여행할 수 있지.

곳곳에 샛길을 잘 골라 가면
지루할 틈 없이 또 다른 팩트 세계로 갈 수 있어.
아마 **눈 깜짝할 사이**에 한 권 **뚝딱** 읽게 될 거야!
이번에는 어떤 팩트의 세계까지 가게 될까?

이 책에 나오는 모든 사실은 브리태니커에서 검증되었습니다.